DE LA JONCTION

DES POSSESSIONS

DE LA JONCTION

DES POSSESSIONS

PAR

DANIEL DE FOLLEVILLE,

Avocat à la cour d'appel de Douai, professeur de Code civil
à la Faculté de droit.

EXTRAIT DE LA REVUE PRATIQUE DE DROIT FRANÇAIS
Tomes XXIX et XXXI.

PARIS

A. MARESCQ AÎNÉ, LIBRAIRE-ÉDITEUR
17, RUE SOUFFLOT, 17

1871

DE LA JONCTION DES POSSESSIONS.

SOMMAIRE.

1. Principe posé par l'art. 2235; — division doctrinale.

1. — La jonction, continuation, translation ou accession des possessions, est organisée par l'art. 2235 du Code Napoléon, qui s'exprime de la manière suivante : « Pour compléter la prescription, on peut joindre à sa possession celle de son auteur, de quelque manière qu'on lui ait succédé, soit à titre universel ou particulier, soit à titre lucratif ou onéreux (1). » Ainsi donc, celui qui veut se prévaloir de la prescription, ou encore, nous l'établirons bientôt (V. *infra,* nᵒ 28), se placer sous l'égide de la saisine possessoire (art. 23-27 Cod. proc. civ.), n'est pas absolument obligé d'avoir possédé par lui-même ou par ses représentants pendant tout le temps exigé par la loi (art. 2262 et 2265) : il peut s'aider de la possession acquise à son auteur, à l'époque de la mutation.

Il faut bien se garder toutefois de prendre à la lettre la disposition de notre art. 2235 : ce texte exprime d'une manière fort inexacte et fort incomplète la pensée du législateur; aussi son application a-t-elle, dans la pratique, soulevé plus d'une controverse sérieuse.

Nous allons examiner (2) successivement : 1ᵒ quelle est l'o-

---

(1) Le texte de l'art. 2235 paraît avoir été copié presque mot à mot dans Dunod : l'excellent auteur, en effet, nous dit à la page 19 *in fine* de son Traité des prescriptions (partie 1, chap. IV) : « *L'on peut, pour rendre sa prescription complète, joindre à sa possession celle de son auteur médiat ou immédiat, soit qu'on lui ait succédé à titre universel ou particulier, à titre lucratif ou onéreux.* Si, par exemple, l'on est héritier d'une personne qui ait possédé pendant vingt ans, il suffira d'en posséder encore dix pour prescrire par trente années ; et, de même, si l'on a eu la chose à titre d'achat, de legs, de donation, ou autre semblable, d'un possesseur de vingt ans. C'est ce que l'on appelle *accession* en matière de prescription, parce que l'on fait *accéder* un temps à un autre pour former la prescription. »

(2) Bɪʙʟɪᴏɢʀᴀᴘʜɪᴇ : M. Dalloz, vᵒ *Prescription civile,* nᵒˢ 381-392; — MM. Aubry et Rau, nouv. édition de 1869, pag. 98, § 181; — Tro-

rigine historique et quel peut être le fondement juridique du principe de la jonction des possessions?

2° A quelles conditions ce principe, introduit dans le Code Napoléon par l'art. 2235, est subordonné dans son application et quels sont ses effets ?

3° Nous grouperons, dans une troisième et dernière section, les principales difficultés doctrinales et pratiques soulevées à propos de l'art. 2235.

SECTION PREMIÈRE.

Origine historique et fondement juridique du principe de la jonction des possessions (art. 2235).

SOMMAIRE.

2. Nature intransmissible du fait de la possession, au point de vue théorique. — 3. Doctrine du droit romain primitif. — 4. Dérogations successives. — 5. Raisons pratiques de ces dérogations. — 6. Différentes matières dans lesquelles fut introduit le principe de la jonction des possessions. — 7. De l'interdit *utrubi* — 8. De la *præscriptio longi temporis.* — 9. De l'usucapion. — 10. Distinction entre les successeurs universels et les simples ayant-cause à titre particulier. — 11. De la jonction des possessions sous Justinien. — 12. De l'union de la possession du successeur avec celle de son auteur, sous l'empire de notre ancienne jurisprudence française. — 13. Suite. — 14. Suite. — 15. Dissidence avec le droit romain à propos de la maxime : *mala fides superveniens non impedit usu capionem.*

2. — Lorsqu'on la considère dans sa nature intime, la possession ne semble pas être susceptible de passer, d'une manière réelle et effective, de la tête d'une personne sur la tête d'une autre. La possession, séparée de la propriété, se révèle à nous comme un pur état de fait (comp. L. 1 § 3, Dig. liv. 41, tit. 2, *De acquirenda vel amittenda possessione*), auquel la souveraineté sociale peut bien, sans doute, attacher

plong, *Traité de la prescription*, t. I, n°ˢ 428 et suiv.; — Marcadé, sur l'art. 2235, pag. 94-103 ; — Le Roux de Bretagne, *Nouveau traité de la prescription en matière civile*, t. I, n°ˢ 346-369 ; — Bélime, *Traité du droit de possession et des actions possessoires*, n°ˢ 197-205 ; — M. Léon Wodon, *Traité théorique et pratique de la possession et des actions possessoies*, t. 1, n°ˢ 228-252.

certaines prérogatives favorables, mais sans altérer ses conditions primordiales et constitutives : or, tout fait, étant contingent et relatif, est aussi essentiellement personnel. Ce sont les *droits* qui se transmettent ; ce sont les garanties juridiques et les actions, attachées à telle ou telle situation acquise, qui peuvent passer d'un premier à un second ou à un troisième titulaire. Mais, quant aux *faits* (1), lorsqu'on les envisage en eux-mêmes, le bilan est nécessairement arrêté au jour du décès de celui qui les a posés et réalisés.

3. — Aussi, à l'origine, nous voyons les jurisconsultes romains, si précis dans leurs déductions, ne point admettre que la possession d'un défunt puisse se transmettre à ses héritiers (2). (Voyez M. Van Wetter, *Traité de la possession en droit romain*, nos 18-23, p. 42-58.) L'héritier peut, sans doute, par un acte personnel, créer à son profit une nouvelle possession ; mais il est et reste étranger, malgré sa qualité de successeur, à la possession de son auteur : « Non hæredis est possessio (dit la loi 1 § 15 *in fine*, ff. *Si is qui testamento liber*), antequam possideat : quia hæreditas in eum id tantum transfundit, quod est hæreditatis ; non autem fuit possessio hæreditatis. » A plus forte raison ne pouvait-il pas être question d'une jonction quelconque des possessions au profit des ayant-cause à titre particulier, quelle que fût d'ailleurs leur qualité.

4. — Toutefois, de vives protestations s'élevèrent bientô contre cette logique à outrance, et les praticiens furent naturellement amenés à faire fléchir la rigueur des principes devant les exigences impérieuses de la vie sociale. Tout en

______

(1) Voyez M. de Savigny, *Traité de la possession*, septième édition traduite de l'allemand par M. H. Staetdler, sect. 1, § 5, pag. 24 : « La possession, dit le savant auteur, est à la fois un droit et un fait. Il est évident d'abord que, dans son principe et considérée en elle-même, la possession n'est qu'un simple fait. D'autre part, il est tout aussi certain que des conséquences légales y ont été attachées. Ainsi elle est à la fois un fait et un droit : par elle-même c'est un fait ; par ses conséquences elle ressemble à un droit ; et cette double nature est infiniment importante pour tout ce qui concerne cette matière... »

(2) Comp. la loi 19, Dig., liv. 4, tit. 6, *Ex quibus causis majores* ; — loi 53, Dig. liv. 41, tit. 1, *De acquirendo rerum dominio*.

maintenant énergiquement qu'en théorie pure il est inadmissible qu'un individu puisse bénéficier d'un *fait* posé par son auteur, alors que ce fait n'a encore donné naissance à aucun *droit acquis* en faveur de ce dernier, les prudents accueillirent cependant la règle de la jonction des possessions, laquelle permet à certaines personnes de *souder*, pour ainsi parler, leur possession propre à celle des détenteurs antérieurs de l'objet transmis.

5. — On peut assigner un double motif à cette dérogation considérable apportée aux anciens errements :

1° Les jurisconsultes romains prirent en particulière considération la fréquence des mutations : ils observèrent que l'usucapion serait indéfiniment retardée, si, dans tous les cas, chaque nouveau successeur était obligé de recommencer une possession nouvelle, indépendante de la possession de son auteur, cette dernière étant, en quelque sorte, effacée par la loi ;

2° L'équité, d'autre part, et la morale se réunissaient pour exiger en faveur de celui qui cherche à éviter un préjudice, — *qui certat de damno vitando,* — une protection plus efficace qu'en faveur de celui qui cherche à réaliser un lucre ou bénéfice, — *qui certat de lucro captando.*

Il est d'ailleurs juste, entre deux intérêts rivaux, de sacrifier l'intérêt de celui qui a commis une faute, quelque minime qu'elle puisse être, plutôt que d'abandonner la cause de celui qui ne s'est rendu coupable d'aucune négligence. — Or, voici ce qui se produisait fréquemment : un citoyen avait acheté de bonne foi *à non domino*, et régulièrement payé un immeuble que le vendeur avait dans ses biens depuis un temps assez long pour arriver à conquérir sous peu de semaines, peut-être sous peu d'heures, la plénitude de la propriété. Devait-on anéantir entièrement le passé et contraindre l'acquéreur à parcourir de nouveau le long cycle de jours nécessaire pour conquérir son indépendance? Mais alors cet acquéreur restait singulièrement exposé à succomber devant une revendication, intentée contre lui encore en temps opportun, par le légitime propriétaire secouant enfin sa torpeur : et s'il était évincé, il perdait d'abord la chose, puisqu'il était juridiquement forcé de la restituer ; il allait perdre peut-être aussi son prix, à raison de l'insolvabilité du vendeur rendant inutile et improductif tout recours en garantie, et on aboutissait à lui préférer un propriétaire coupable de négligence , qui avait omis de surveiller la gestion de son patrimoine ! ! ! Le principe de l'accession des possessions fut donc introduit dans la législation romaine, d'une part, dans le but d'éviter que la propriété ne demeurât trop longtemps incertaine, *ne in perpetuum incerta essent rerum dominia,* — et, d'autre part, afin de mettre le droit positif d'accord avec l'équité au moyen d'une protection efficace accordée aux diverses catégories de successeurs.

6. — Voici, du reste, comment on procéda et par quelle série de progrès passa la législation romaine avant d'arriver, sur le point qui nous occupe, à l'organisation définitive signalée par Justinien, soit dans ses Institutes (lib. ii, tit, vi, §§ 12 et 13 *De usucapionibus*), soit dans la loi unique au Code (liv. 7, tit. 31, *De usucapione transformanda*).

L'*accessio possessionis* fut d'abord admise dans deux institutions prétoriennes, savoir : l'*interdictum utrubi* et la *præscriptio longi temporis*. Elle fut, par la suite, étendue à l'usucapion. Nous allons donner, à ce propos, quelques détails.

7. — L'interdit (1) *utrubi*, dont la formule nous a été conservée au Digeste (2), s'appliquait exclusivement aux choses

---

(1) Les interdits du droit romain présentent, au point de vue de la forme, une certaine affinité avec les *référés* auxquels notre Code actuel de procédure civile a consacré les art. 806-811. Spécialement les interdits possessoires se rapprochent beaucoup de nos *actions possessoires* dont la connaissance est aujourd'hui attribuée aux juges de paix : voy. les art. 23-27 du Code de proc. civ., et la loi du 25 mai 1838 sur les justices de paix, art. 6. La création des interdits est d'origine prétorienne ; ils furent introduits d'abord dans un but d'utilité publique et sociale ; mais peu à peu le préteur fut amené à les étendre à diverses matières de droit privé et surtout à la matière de la possession : voy. M. Maynz, *Éléments de droit romain*, t. 1, § 157, Notions générales et préliminaires sur les interdits.

(2) La loi 1 pr., au Digeste, liv. 43, tit. 31, *Utrubi* (Ulpianus, lib. 72, *ad edictum*), s'exprime de la manière suivante : « Prætor ait : Utrubi hic homo, quo de agitur, majore parte hujusce anni fuit ; quominùs is eum ducat, vim fieri veto. — § 1. — Hoc interdictum de possessione rerum mobilium locum habet ; sed obtinuit vim ejus exæquatam fuisse uti possidetis interdicto, quod de rerum soli competit : ut is et in hoc interdicto vincat,

mobilières, à la différence de l'interdit *uti possidetis* qui était relatif, au contraire, à la possession des choses immobilières, des fonds de terre et des maisons (Gaius, Comm. IV, §§ 149-151). L'interdit *utrubi* offrait, avant Justinien, une particularité remarquable : tandis, en effet, que, dans l'interdit *uti possidetis*, celui-là obtenait gain de cause qui se trouvait en possession au moment même de la délivrance de l'interdit(1), sans qu'il y eût à tenir compte de la durée des possessions respectives, l'interdit *utrubi* était accordé à celui qui avait possédé *le plus longtemps* le meuble litigieux dans la dernière année, sans vice de violence, de dol, de précarité. L'année se comptait, en remontant en arrière, à partir de la délivrance de l'interdit. L'interdit *utrubi* n'était donc pas seulement un interdit **conservatoire**, *retinendæ possessionis causa ;* il pouvait encore devenir *récupératoire, recuperandæ possessionis causa*, puisqu'il n'était pas nécessaire d'avoir la possession actuelle au moment de sa délivrance (Gaius, Comm. IV, §§ 151 et 152 ; — M. Demangeat, *Cours élémentaire de droit romain*, t. 2, p. 707 ; — loi 156 Dig. *De verb. signif.*).

De ce principe pouvaient résulter deux conséquences manifestement contraires à l'équité : .— Supposez d'abord que Seius, possesseur d'un meuble depuis un mois au moment où l'interdit est sollicité, se trouve en conflit avec Sempronius qui, au commencement de l'année, avait possédé ce même meuble pendant un mois et demi ou deux mois : ce dernier devra obtenir gain de cause et rentrer dans la possession du meuble ; dès lors il aura le bénéfice du rôle de défendeur à la revendication ultérieure, si elle se produit. Pourtant il peut arriver que Seius ait lui-même, à l'origine, acquis légitimement le meuble d'un individu, possesseur depuis trois ou quatre mois et nanti postérieurement à Sempronius. Que va-t-il arriver ? Seius intentera une action en garantie ; et alors le vendeur obtiendra du préteur, au moyen de l'interdit *utrubi*, et à raison de la plus longue durée de sa détention, la reconstitution de sa propre possession, bien

---

qui nec vi, nec clam, nec precario, dùm super hoc ab adversario inquietatur, possessionem habet. »

(1) Voyez les Institutes de Justinien, liv. 4, tit. 15, § 4, *De interdictis*, et le Comm. IV de Gaius, § 150.

qu'il l'ait librement déléguée à Seius ! ! — Supposez encore l'hypothèse suivante : Seius devient, soit à titre universel, soit à titre particulier, acquéreur d'un meuble qui était déjà, au moment de sa transmission, en la possession du prédécesseur depuis deux mois ; cet individu l'avait lui-même acquis d'une personne qui possédait depuis trois mois ; en réunissant les deux détentions successives on arrive donc à un total de cinq mois. Seius est lui-même en possession depuis quinze jours, au moment où il est troublé par Sempronius qui invoque une détention de deux mois au début de l'année. Il est clair que c'est Sempronius qui va triompher quant à présent et obtenir le rôle de défendeur dans l'instance prochaine en revendication, puisqu'il invoque une possession propre d'un mois à l'encontre de Seius qui ne détient personnellement que depuis quinze jours ; et cependant Sempronius peut très-bien avoir été un usurpateur et avoir possédé de mauvaise foi ! !

Le principe *de l'accession des possessions* fut introduit comme un remède à ce funeste état de choses. Il fut admis que pour calculer le temps pendant lequel les plaideurs avaient respectivement possédé dans la dernière année, ils pourraient joindre à leur propre possession celle de leurs auteurs, c'est-à-dire de ceux dont ils seraient devenus les héritiers, les acheteurs, les donataires, etc., de manière à obtenir gain de cause (1), toutes les fois que les deux possessions réu-

(1) M. Machelard (*Théorie des interdits*, pag. 227 et 228) fait toutefois observer avec raison que, « celui-là seul était en mesure d'aspirer à l'*accessio*, qui, par lui-même, avait eu quelque temps la possession, de telle sorte qu'un héritier, qui n'aurait pas appréhendé tel meuble héréditaire, n'aurait pu, pour cet objet, se servir de la possession du défunt, eût-elle été, à elle seule, plus longue que celle de l'adversaire. » Gaius (Comm. iv, § 151) dit en effet : « Nullam autem possessionem habenti accessio temporis nec datur, nec dari potest ; nam ei quod nullum est, nihil accedere potest. » Ce principe est certain et absolu en ce qui concerne les successeurs particuliers : comp. la loi 16, Dig. liv. 44, tit. 3, *De diversis temporalibus præscriptionibus*, et la loi 13, § 12, Dig. liv. 41, tit. 2, *De adquirenda vel amittenda possessione*. Le jurisconsulte Javolenus affirme l'existence de la même règle, en ce qui touche les successeurs universels, dans la loi 23 pr. liv. 41, tit. 2, Dig., *De adquir. vel amitt. possess.* : ce texte déclare formellement que l'héritier doit avoir appréhendé lui-même la possession, pour pouvoir

nies surpasseraient en durée la détention invoquée par l'adversaire (Gaius, Com. IV, § 151). Il fallait toujours en outre, bien entendu, l'absence de violence, de clandestinité et de précarité.

8. — De l'interdit *utrubi*, le bénéfice de l'*accessio possessionis* fut bientôt étendu à la *præscriptio longi temporis* : on peut consulter, en effet, les lois 6 § 1, 14 § 2, 15 § 6, Dig. liv. 44, tit. 3 *De diversis temporalibus præscriptionibus;* comp.

invoquer la détention de son auteur et l'ajouter à la sienne propre : « *Cùm hæredes instituti sumus*, adita hæreditate, omnia quidem jura ad nos transeunt ; *possessio* tamen, *nisi naturaliter comprehensa, ad nos non pertinet.* » Mais le jurisconsulte Paul semble admettre, au contraire, l'héritier à profiter de la possession du défunt, indépendamment de toute prise personnelle de possession. (L. 30 pr. Dig., liv. 4, tit. 6, *Ex quibus causis majores ;* — l. 31, § 5, Dig. liv. 41, tit. 3, *De usurpationibus et usucapionibus ;* — voy. aussi Nératius dans la loi 40, Dig. liv. 41, tit. 3, *De usurpationibus et usucapionibus.*) L'on s'accorde généralement à ne point voir une antinomie véritable entre ces différents textes. La conciliation suivante est habituellement proposée : l'on fait observer que les textes qui exigent une prise de possession réelle de la part de l'héritier paraissent s'occuper uniquement de la possession *ad interdicta :* ceux, au contraire, aux termes desquels il n'est pas nécessaire que le successeur universel soit préalablement investi d'une possession propre et personnelle, semblent avoir trait spécialement à la *possessoin qui conduit à l'usucapion :* cette conciliation est fournie par Paul lui-même dans la loi 30, § 5, Dig. liv. 41, tit. 2, *De adquirenda vel amittenda possessione : « Quod per colonum possideo,* dit cette loi, *hæres meus, nisi ipse nactus possessionem, non poterit possidere :* retinere enim animo possessionem possumus, apisci non possumus. Sed quod *pro emptore* possideo, per colonum usucapiet etiam hæres meus. » Voyez encore ce que décide Ulpien dans la loi 13, § 4, Dig., *De adquir. vel amitt. possess.* — L'on comprend, d'ailleurs, que le préteur ait subordonné l'obtention des interdits à une possession préalablement réalisée par l'héritier : les interdits possessoires, en effet, avaient surtout été établis par le droit honoraire dans un intérêt d'ordre public pour éviter les rixes et les luttes entre les citoyens ; il était conforme dès lors à la raison de n'accorder le bénéfice d'une semblable protection qu'à celui-là même qui avait posé les faits de possession qu'il s'agissait de faire respecter (Gaius, Comm. IV, § 151). Pour la possession *ad usucapionem,* l'on pouvait au contraire sans inconvénient admettre la règle, *possessio defuncti, quasi juncta, descendit ad hæredem.* Le droit civil venait ici en aide au droit prétorien pour éviter la spoliation définitive et injuste d'un acquéreur de bonne foi et en vertu d'un juste titre (loi 30 pr. Dig. liv. IV, tit. VI, *Ex quibus causis majores*).

lois 6 et 14, Cod. *De fundis patrimonialibus*, liv. 11, tit. 61. Nous n'avons point à nous appesantir ici sur le rôle important que jouait la *præscriptio longi temporis* à côté de l'antique usucapion (voy., sur ce point, nos considérations générales sur l'acquisition ou la libération par l'effet du temps, n°s 8-22). Nous nous bornerons à faire remarquer (ce dont du reste les lois romaines que nous venons d'énoncer font pleinement foi), que la jonction des possessions fut autorisée non-seulement dans les rapports individuels du successeur avec son auteur immédiat, mais aussi d'une manière indéfinie dans les rapports du dernier ayant-cause avec toute la série de ceux qui avaient transmis la chose à cet auteur : « *accessio possessionis*, dit la loi 15, § 1, Dig., liv. 44, tit. 3, *De div. temporal, præscrip.*, fit, non solum temporis quod apud eum fuit, unde is emit, *sed et qui ei vendidit, unde tu emisti…..* »

9. — Enfin la règle de l'accession ou de la continuation des possessions fut, dans la suite des temps, étendue à l'usucapion : la loi 76 § 1 Dig. *De contrahenda emptione*, liv. 18, tit. 1, et la loi 2 § 20, Dig. liv. 11, tit. 4 *Pro emptore*, l'indiquent clairement; un rescrit des empereurs Sévère et Antonin consacra définitivement (1) cet état de choses.

10. — L'accession des possessions fut appliquée tout naturellement et sans restrictions à la *successio per universitatem* (§ 12 Instit. liv. 2, tit. 6, *De usucapionibus*). Le successeur universel, en effet, est censé continuer la personne de celui à qui il succède : on admet par voie de conséquence que la posses-

---

(1) Le § 12 *in fine* aux Institutes, liv. 2, tit. 6, *De usucapionibus*, semble pourtant indiquer Justinien comme l'auteur de la première application du principe de l'*accessio possessionis* à la matière de l'usucapion : l'empereur, dans ce paragraphe, s'exprime, en effet, de la manière suivante : « *Quod nostra constitutio* (L. uniqu. Cod , *De usucapione transformanda*, liv. 7, tit. 31), *similiter* et in usucapionibus observari constituit, ut tempora continuentur. » Mais le contraire est établi par de nombreuses lois du Digeste et du Code, citées au cours de notre travail. L'on admet, d'une manière unanime, que, dans le § 12 *in fine* du titre VI, aux Institutes, il s'agit de l'usucapion nouvelle qui s'accomplit par trois ans pour les meubles, par dix ou vingt ans pour les immeubles, et dont les règles générales ont été empruntées pour partie à l'antique usucapion du droit civil, tandis qu'une autre partie de ces règles se rattache à la *præscriptio longi temporis*.

sion persévérerait sur sa tête avec les mêmes caractères qui l'affectaient du vivant du *de cujus*. L'accession des possessions devint donc ici une nécessité ; l'identité dans les situations de l'auteur et du successeur fut un principe absolu.

De là les trois règles suivantes :

1° Celui qui succède *per universitatem* à un possesseur de bonne foi acquiert la chose par voie d'usucapion, après la révolution des délais fixés par la loi, quand même sa mauvaise foi personnelle à l'époque de l'ouverture de la succession serait clairement établie, — *licet ipse sciat prœdium alienum* (Instit. § 12, liv. 2 tit. 6, *De usucapionibus;* comp. la loi 30 Dig. liv. 4, tit. 6, *Ex quibus causis majores ;* l. 23 pr., l. 30 § 5, Dig. liv. 41 tit. 2 *De acquir. vel amitt. possess. ;* l. 21, l. 24 § 1, l. 36 § 1, l. 40, l. 43 pr. Dig. liv. 41, tit. 3, *De usurpationibus et usucapionibus;* — l. 6 § 2, l. 7 pr. Dig. liv. 41, tit. 4 *Pro emptore*).

2° L'usucapion, commencée en faveur du défunt, continue à courir au profit de l'hérédité jacente ; elle peut même s'accomplir entièrement avant que l'héritier ait consommé l'acquisition de la succession : « Possessio defuncti, quasi juncta, descendit ad hæredem, et *plerumque nondum adita hœreditate completur* (l. 30 pr. Dig. liv. 4 tit. 6, *Ex quihus causis majores;* — comp. l. 31 § 5, Dig. liv. 41, tit. 3, *De usurpationibus et usucapionibus.*

3° Celui qui succède *per universitatem* à un possesseur de mauvaise foi ne peut point usucaper la chose, quand même il serait personnellement de bonne foi au moment de son entrée en jouissance de la succession : « Quod si ille (il s'agit du défunt) initium justum non habuit, hæredi et bonorum possessori, licet ignoranti, possessio non prodest. » (Instit. § 12, tit. 6 *De usucapionibus*) (1).

---

(1) Comp. la loi 4, § 15, Dig. liv. 41, tit. 3, *De usurpationibus et usucapionibus ;* — l. 11, Dig. liv. 44, tit. 3, *De diversis temporalibus præscriptionibus ;* — l. 3 Cod. *Communia de usucap.,* liv. vii, tit. 30 ; — l. 11, Cod., *De acquir. possessione,* liv. 7, tit. 32 ; — l. 4, Cod., *Pro hærede,* liv. 7, tit. 29. C'est ici le cas de rappeler la règle importante d'après laquelle *nemo sibi ipse causam possessionis mutare potest.* Voyez aujourd'hui, dans le même sens, l'art. 2240 du Code civil. Il est donc bien certain que, dans les rapports du défunt et de son successeur universel, il faut admettre

Quant aux *ayant-cause à titre particulier*, il y avait plus de difficulté. Ceux-là, en effet, sont de simples successeurs aux biens; ils ne continuent pas la personne de leur auteur, et dès lors il ne saurait y avoir une identité parfaite, une indivisibilité complète entre leur possession nouvelle et la possession précédente de celui qui leur a transmis la chose. Toutefois, par des motifs d'équité, on admit, à titre de faveur, le successeur particulier (1) de bonne foi à profiter de la possession utile de son auteur en la joignant à sa propre possession. Seulement ici nous allons toujours trouver deux possessions distinctes, qui, en droit comme en fait, seront tantôt semblables et tantôt différentes, en sorte que le nouveau possesseur à titre particulier pourra, à son choix et suivant son intérêt, les souder l'une à l'autre ou les maintenir soigneusement séparées.

De là les trois conséquences suivantes :

1° Le successeur à titre particulier, qui, au moment de son acquisition, serait de mauvaise foi, ne pourrait jamais se prévaloir des avantages attachés à la possession de bonne foi de son auteur. Si, en effet, l'équité exigeait que le bénéfice de la jonction des possessions fût accordé au tiers acquéreur de

invariablement la continuation d'une seule et unique possession, toujours identique à elle-même en droit, malgré les changements de qualités qu'elle présentera souvent en fait, et qui seront juridiquement non avenus : cette continuation forcée sera dès lors tantôt favorable, tantôt, au contraire, nuisble aux intérêts du successeur universel, de l'*hæres* ou du *bonorum possessor*.

(1) Il est assez probable que cette *accessio possessionum* a été d'abord admise seulement au profit de ceux des ayant-cause à titre particulier qui succédaient *à titre onéreux* : cette affirmation peut être appuyée avec une très-grande vraisemblance sur le § 13 Instit., liv. 2, tit. 6, *De usucapionibus*, sur la loi 14, §§ 1 et 2 Dig., liv. 44, tit. 3, *De diversis temporalibus præscriptionibus*, enfin sur la loi 11 au Code, liv. 7, tit. 33, *De præscriptione longi temporis*. L'on sait, d'ailleurs, que les praticiens de l'ancienne Rome, suivant en ce point les préceptes de la plus saine raison, protégeaient toujours ceux *qui certant de damno vitando*, avant de se préoccuper de l'intérêt, respectable aussi, mais à un moindre degré, de ceux *qui certant de lucro captando*. Ce fut seulement plus tard et dans la suite des temps que l'on finit par admettre la jonction des possessions au profit du successeur à titre gratuit (donataire ou légataire), comme au profit du successeur à titre onéreux. (Comp. M. Demangeat, *Cours de droit romain*, t. I, page 554.)

bonne foi, qui a loyalement payé son prix et appréhendé la chose, cette même équité protestait, au contraire de la manière la plus manifeste, contre toute protection du même genre accordée à un acquéreur de mauvaise foi (l. 13 § 1, Dig. liv. 41, tit. 2, *De acquir. vel amitt. poss.*; — l. 2 § 17. Dig. liv. 41, tit. 4, *Pro emptore;* — l. 1 et 2, Cod. liv. 7, tit. 33, *De præscriptione longi temporis*).

2° A l'inverse, la mauvaise foi de l'auteur ne nuit point au successeur particulier de bonne foi. Celui-ci peut, en répudiant la possession vicieuse de son auteur, commencer lui-même une nouvelle possession susceptible de le mener à l'acquisition de la chose par voie d'usucapion, après l'expiration des délais fixés par la loi (l. 5 pr. Dig. liv. 44, tit. 3, *De diversis temporalibus præscriptionibus;* — comp. l. 13 § 6 et suiv., Dig. liv. 41, tit, 2 *De acquirenda vel amittenda possessione;* — l. 2 § 16 Dig. liv. 41, tit. 4, *Pro emptore* ; — loi unique, au Code, liv. 7, tit. 31, *De usucapione transformanda;* — l. 11, Cod. liv. 7, tit. 33, *De præscript. longi temporis*).

3° Si l'auteur et le successeur particulier, soit à titre onéreux, soit même à titre gratuit, sont tous les deux de bonne foi, la jonction des deux possessions s'opérera par le bienfait de la loi et permettra ainsi à l'ayant-cause d'arriver plus vite à l'acquisition de la propriété pleine et indépendante (Instit. § 13, liv. 2, tit. 6, *De usucapionibus*). L'on peut, en effet, posséder non-seulement par soi-même, mais encore par l'intermédiaire d'un représentant (1). Eh bien! le successeur particulier a été, grâce à une faveur équitable du droit prétorien, considéré comme représenté au point de vue des avantages de la possession par son vendeur ou son donateur, durant le temps qui a précédé la transmission de la chose soit mobilière (2), soit immobilière. En un mot, la relation d'au-

____

(1) Voyez M. Van Wetter, *Traité de la possession en droit romain*, n° 85-94, et 114-119, pag. 167 et suiv.

(2) Sous l'empire de notre droit français actuel, il ne saurait être question d'appliquer le principe de la jonction des possessions en matière mobilière; car, aux termes de l'art. 2279, l'acquisition de la propriété par le possesseur d'un meuble se réalise d'une manière instantanée par l'application de la maxime : *En fait de meubles, la possession vaut titre.* (Comp. notre Essai sur

teur à ayant-cause fut considérée comme contenant une représentation fictive, toutes les fois que l'intérêt du successeur particulier l'exigerait. Cette règle devait d'autant plus être admise que, le véritable propriétaire étant en faute de n'avoir point surveillé son bien, il était juste de lui faire supporter les conséquences fâcheuses de sa négligence toujours légalement blâmable, en laissant l'usucapion se réaliser au profit du successeur particulier, de la même manière qu'elle se serait accomplie au profit du possesseur originaire. Qu'importe, en effet, au légitime propriétaire évincé dans les deux cas de la même manière et par la réunion des mêmes conditions, que ce soit à Seius ou à Sempronius que l'acquisition du plein domaine vienne profiter?

11. — Que devient le principe de la jonction des possessions dans le droit de Justinien? — Sous cet empereur, de grandes modifications s'opèrent. L'interdit *utrubi*, d'une part, est complétement assimilé à l'interdit *uti possidetis*, en telle sorte que, pour obtenir gain de cause, il suffit désormais, dans les deux cas, de prouver sa possession actuelle au moment de la *litis contestatio :* « Utriusque interdicti potestas, quantum ad possessionem pertinet, exæquata est : ut ille vincat, et in re soli et in re mobili, qui possessionem, nec vi, nec clam, nec precario, ab adversario, *litis contestatæ tempore* detinet. » (Instit., § 4 *in fine,* liv. 4, tit. 15, *De interdictis*.) De là il résulte qu'il ne peut plus être alors question d'aucune accession des possessions en matière d'interdits, puisque celui-là triomphe toujours qui se trouve possesseur *actuel* de la chose à l'instant où s'accomplit la *litis contestatio* (1).

D'autre part, nous voyons Justinien fondre en une seule et même institution l'antique usucapion et la *præscriptio longi temporis,* qu'il n'y avait plus, du reste, aucune raison sérieuse de distinguer désormais l'une de l'autre (2). La règle

la possession des meubles et sur la revendication des titres au porteur perdus ou volés, nos 8, 11 et suiv.)

(1) Comp. M. Demangeat, *Cours élémentaire de droit romain,* t. II, pages 707 *in fine* et 708.

(2) Voir le développement de cette proposition dans nos *Considérations générales sur l'acquisition ou la libération par l'effet du temps,* nos 17 et 18.

de la jonction des possessions conserve cependant toute son utilité pratique et continue de fonctionner, suivant les mêmes distinctions que précédemment, sous l'empire de la nouvelle usucapion organisée par Justinien sur les débris des anciens principes.

12. — Notre ancienne jurisprudence française paraît avoir adopté les mêmes errements. Voici, en effet, ce que nous dit Pothier, dans la première partie de son *Traité de la prescription* (1), chap. iv, art. 11 : « En ce qui concerne l'union de la possession du successeur avec celle de son auteur, il y a une grande différence à faire entre les héritiers ou autres successeurs à titre universel, et les successeurs à titre singulier. »

13. — L'excellent jurisconsulte s'occupe d'abord des héritiers et autres successeurs universels, à l'égard desquels il s'exprime ainsi qu'il suit : « L'héritier étant censé n'être que le continuateur de la personne du défunt, sa possession est censée n'être que la continuation de la possession du défunt et n'être qu'une seule et même possession avec celle du défunt. » Puis, dans les numéros 113-118 de son *Traité de la prescription*, Pothier tire les conséquences du principe qu'il vient de poser.

14. — Ensuite il s'occupe des successeurs à titre particulier : « Un successeur à titre singulier, dit-il, tel qu'est un acheteur, un légataire ou un donataire d'un certain héritage, lorsqu'il en est possesseur de bonne foi, si son auteur, c'est-à-dire, celui qui le lui a vendu ou donné, en était lui-même possesseur de bonne foi, peut, pour accomplir la prescription, joindre le temps de la possession de son auteur au temps de la sienne. Par exemple, si Pierre, possesseur de bonne foi d'un héritage appartenant à Jacques, après six ans d'une possession qu'il avait eue de cet héritage, qui procédait d'un juste titre, m'a vendu cet héritage, et m'en a mis en possession, j'aurai, après que je l'aurai possédé pendant quatre autres années, accompli le temps de la prescription, *inter præsentes* en joignant les six années de possession de Pierre aux

(1) Consulter les œuvres de Pothier, annotées par M. Bugnet, t. IX, pag. 358-362.

quatre années de la mienne; et j'aurai acquis la propriété de l'héritage, pourvu que Jacques ait eu son domicile dans le même bailliage où était le domicile de Pierre, et où était le mien pendant le temps qu'a couru la possession. La raison est que, par la tradition qu'on fait à quelqu'un d'une chose, en exécution d'un titre qui est de sa nature translatif de propriété, on a intention de lui transférer tout le droit qu'on a, tant dans cette chose que par rapport à cette chose ; c'est pourquoi, lorsqu'un possesseur de bonne foi m'a fait la tradition d'une chose qu'il m'a vendue, ne pouvant pas me transférer la propriété de cette chose qu'il n'a pas, il me transfère *causam usucapionis;* il me met à ses droits pour en acquérir la propriété par la prescription, en parachevant le temps de la possession qu'il a commencé d'avoir de cette chose. » Pothier développe, dans les numéros 120 124, les résultats pratiques de la règle qu'il vient d'établir.

15. — L'éminent auteur ne s'écarte des principes romains qu'en un seul point : c'est lorsqu'il précise les conséquences du principe d'après lequel le successeur universel est censé continuer la personne de celui à qui il succède. Voici, du reste, en quels termes il s'exprime à cet égard au n° 113 de son *Traité de la prescription* : « La possession du défunt et celle de son héritier n'étant qu'une même possession, et la bonne foi du possesseur n'étant requise pour la prescription, suivant les principes du droit romain, qu'au temps auquel la possession a commencé; lorsque le défunt avait possédé de bonne foi un héritage, et était mort avant l'accomplissement du temps de la prescription, son héritier, quoiqu'il fût de mauvaise foi, et qu'il eût connaissance que l'héritage n'appartenait pas au défunt, pouvait, suivant le droit romain, l'acquérir par prescription, en continuant de le posséder pendant le temps qui restait à courir pour la prescription : *Si defunctus bonâ fide emerit* (eique res tradita sit, eamque incœperit bona fide possidere) *usucapietur res, quamvis hæres scit alienam esse* (l. 2 § 19, Dig. liv. 41, tit. 4, *Pro emptore*). — *Ce corollaire* n'a pas lieu dans notre droit français; car suivant les principes de notre droit français, la bonne foi du possesseur devant durer pendant tout le temps de la possession pour la prescription, l'héritier qui est de mauvaise foi, et

qui a connaissance que l'héritage n'appartenait pas au défunt, ne peut, en continuant de le posséder, l'acquérir par la prescription, sa possession étant une possession de mauvaise foi. » L'on sait que le *Code Napoléon* est revenu sur ce point à la tradition romaine; l'art. 2269 est, en effet, ainci conçu : « *Il suffit que la bonne foi ait existé au moment de l'acquisition.* »

En résumé nous voyons le principe de la jonction des possessions maintenu par notre ancienne jurisprudence française avec la célèbre distinction des successeurs à titre particulier admis, si leur intérêt l'exige, à répudier la possession de leurs auteurs, et des successeurs à titre universel pour lesquels l'accession des possessions est au contraire tellement *forcée* qu'elle ne peut jamais être éludée malgré les conséquences fâcheuses, injustes même, qu'elle peut parfois entraîner. Seulement quelques différences de détail se révèlent dans les corollaires de cette dernière règle, à cause de l'innovation de notre ancien droit français, lequel n'admet plus l'adage romain : *mala fides superveniens non impedit usucapionem*. Il nous reste à voir ce que devient la jonction des possessions sous l'empire de notre droit actuel et en présence de l'art. 2235 du Code civil.

SECTION DEUXIÈME.

A quelles conditions le principe de la jonction des possessions introduit dans le Code Napoléon par l'art. 2235, est-il aujourd'hui subordonné dans son application, et quels sont ses effets ?

SOMMAIRE.

16. Distinction à établir encore aujourd'hui entre les successeurs universels et les successeurs particuliers, nonobstant les termes amphibologiques de l'art. 2235. — 17. Situation des successeurs universels. — 18. Conséquences pratiques de cette situation. — 19. Suite. — 20. Suite. — 21. Position faite aux successeurs particuliers. — 22. Résultats pratiques. — 23. Suite. — 24. Suite. — 25. Suite. — 26. Suite. — 27. Énumération des différents successeurs universels et des divers successeurs particuliers. — 28. Le principe de la jonction des possessions doit être étendu à la matière des actions possessoires. — 29. Différentes conditions requises pour que l'accession des possessions puisse avoir lieu. — 30. Conditions relatives aux qualités que doit réunir la possession considérée en elle-même. — 31. Suite. — 32. Suite. — 33. Suite. — 34. Conditions relatives à la personne des détenteurs successifs. — 35. Que faut-il entendre par auteur et ayant-cause dans le sens de l'art. 2235 ? — 36. Conclusion et transition pour arriver à l'examen des principales controverses soulevées à propos de ce texte.

16. — Si l'on s'arrêtait à l'enveloppe extérieure et aux termes de l'art. 2235, l'on arriverait fatalement à cette conclusion que le principe de la jonction des possessions est aujourd'hui une règle absolue, uniforme et n'admettant aucune espèce de restrictions.

Pourtant, il faut tenir pour certain que, sous l'empire de notre droit français actuel, comme sous l'empire des législations antérieures, les conditions d'application de l'accession, continuation ou jonction des possessions, sont essentiellement différentes, suivant que l'on se trouve en présence de successeurs universels, ou en présence de successeurs à titre particulier. Cette distinction est capitale dans le droit privé.

F.   2

17. — S'agit-il d'un *successeur universel* ou à titre universel, tel qu'un héritier *ab intestat*, ou un légataire institué suivant les termes des art. 1003 et 1004?

Alors l'art. 724 s'applique avec toute l'énergie qui lui est propre. Les successeurs universels représentent celui dont ils tiennent la place, d'une manière tellement étroite, qu'ils ne forment avec lui qu'une seule et même personne. En vertu des principes de la saisine héréditaire, — *le mort saisit le vif, son hoir le plus proche*, — suivant l'heureuse expression de nos anciennes coutumes : c'est-à-dire que l'héritier est le *continuateur* de la personne du *de cujus;* ou, pour parler plus exactement, le défunt, en vertu d'une remarquable fiction d'immortalité consacrée par nos lois, est censé se survivre à lui-même dans la personne de ses descendants : les générations passent et se poussent les unes les eutres par une incessante succession d'individualités différentes ; l'être juridique, lui, est toujours debout, représenté aujourd'hui par le grand-père, demain par le petit-fils, mais toujours titulaire des mêmes droits, tant que ces droits n'ont pas été aliénés, toujours tenu des mêmes obligations tant qu'elles n'ont pas été anéanties par un mode régulier d'extinction (art. 1234). Voilà bien la théorie de la saisine héréditaire, vulgarisation saisissante de cette déclaration solennelle qui, dans les anciennes monarchies de droit divin, saluait l'avénement au trône d'un prince nouveau : « Le roi est mort, vive le roi ! »

18. — La jonction des possessions subit, dans son mode d'application, l'influence de ces principes. Le successeur universel, représentant son auteur pour tout l'ensemble de ses droits et de ses obligations (art. 724), *continuera* par suite *nécessairement* sa possession antérieure : il la prendra telle qu'elle existait dans les mains du *de cujus*, avec les mêmes vices ou les mêmes qualités. Ici l'accession est *fatale* et *forcée*, tantôt avantageuse, tantôt au contraire ruineuse : « Vitia possessionum, a majoribus contracta, dit la loi 11 au Code *De acquirenda et retinenda possessione*, perdurant; et possessorem auctoris culpa comitatur. »

Il ne faut donc pas dire, avec l'art. 2235, que le successeur universel « *peut* » joindre la possession de son auteur à la sienne propre; il le *doit* : c'est une nécessité pour lui; il n'est pas libre d'accepter ou de répudier une possession qui s'impose. Bien entendu, nous admettons qu'en fait aucune interruption, ni *civile* (art. 2244), ni *naturelle* (art. 2243), ne s'est produite depuis la mort du *de cujus*.

En un mot, la possession du successeur universel et celle de son auteur, quoiqu'elles constituent en réalité deux possessions distinctes, n'en font qu'une en droit, parce que la détention du successeur universel est considérée comme la simple *continuation* de celle du défunt.

19. — De là, nous allons tirer avec la loi elle-même une triple conséquence :

1° L'héritier de celui qui détenait un immeuble à titre précaire sera, lui aussi, un détenteur précaire, quelle que soi d'ailleurs sa propre bonne foi, et malgré la perfection, en sa personne, de l'*animus domini* : comme le *de cujus*, il ne pourra jamais prescrire la propriété de l'immeuble, à moins que le titre de sa possession n'ait été préalablement interverti, conformément à l'art. 2238 : comp. les art. 2236 et 2237 ; voy. aussi Orléans, 31 décembre 1852 (Dev. 1853, 2°, 712).

2° L'héritier d'un détenteur de mauvaise foi ou d'un usurpateur ne pourra acquérir la propriété de l'immeuble que par la prescription trentenaire (art. 2262); il ne pourra pas invoquer sa propre bonne foi pour prescrire par dix ou vingt ans seulement, conformément à l'art. 2265 ; car c'est au début de la possession qu'il faut s'attacher pour déterminer les conditions requises à l'effet d'acquérir par le laps de temps : « *Il suffit,* dit l'art. 2269, que la bonne foi ait existé au *moment de l'acquisition* » : or ici le début de la possession du *de cujus* a été au contraire vicieux ; donc l'héritier, continuateur de sa personne juridique, doit être soumis à la prescription de trente ans.

3° A l'inverse, si le défunt était de bonne foi, l'héritier pourra (même s'il est de mauvaise foi, c'est-à-dire s'il sait que son auteur avait acquis le bien d'autrui), achever de prescrire par dix ou vingt ans : « *Diutina possessio, quæ prodesse cœperat defuncto, hæredi et bonorum possessori continuatur, licet ipse sciàt prædium alienum,* » dit le § 12 aux Institutes, liv. 2, tit. 6, *De usucapionibus,* voy. aussi la l. 2 § 19 ff. *Pro emptore.*

20. — Bien entendu, lorsque nous affirmons que le successeur universel voit rejaillir sur sa détention propre toute les conséquences fâcheuses de la possession de son auteur, nous entendons parler seulement des vices qui, tels que la précarité ou, dans une mesure plus restreinte, la mauvaise foi, affectaient cette possession dans son principe même et dans son origine. Quant aux vices, dont la nature est de ne s'attaquer qu'aux actes extérieurs constituant la mise en pratique et l'exercice du droit de possession, comme, par exemple, la discontinuité, la clandestinité ou la violence (art. 2229), il est clair que leurs effets cesseraient, pour l'héritier comme pour le défunt, avec la cause qui les produisait.

21. — Nous arrivons aux *successeurs particuliers*, soit à titre onéreux, comme les acheteurs (art. 1582-1701) et les échangistes (art. 1702-1707), soit à titre gratuit, comme les donataires et les légataires à titre singulier (art. 893, 1014 et suiv.).

Ceux-là ne sont plus des continuateurs de la personne du précédent détenteur, ils sont de simples ayant-cause et successeurs aux biens; leur indépendance est absolue vis à vis des obligations générales contractées par leur auteur, lorsque ces obligations n'ont d'ailleurs aucune corrélation intime avec l'immeuble transmis; voy. l'art. 1122 et M. Demolombe, *Traité des obligations* (tome 1, n°° 278-282).

Aussi, pour eux, la jonction des possessions est toute de faveur; il y a bien deux possessions distinctes, se complétant, se soudant, pour ainsi dire, l'une à l'autre; l'accession n'est nullement forcée : elle est *libre* et *facultative;* le successeur particulier peut consulter son intérêt. Dès lors, quant à lui, l'art. 2235 exprime parfaitement le principe qui gouverne la jonction des possessions, en disant qu'il « *peut* » joindre sa possession à celle de son auteur. Il a, en effet, la faculté d'accepter ou de répudier cette dernière, au gré de ses convenances. Cette différence, entre les successeurs universels et les simples ayant-cause à titre particulier, a été précisée par Justinien, avec une remarquable exactitude, lorsqu'il a écrit dans ses Institutes (liv. 2, tit. 6, *De usucapionibus*, §§ 12 et 13), qu'entre le défunt et l'héritier *tempora continuantur*, tandis qu'entre le successeur particulier et son auteur *tempora con-*

junguntur. Comp. MM. Aubry et Rau, t. 2, § 181, note 13; — Papinien, loi 11, Dig. liv. 44, tit. 3, *De diversis temporalibus præscriptionibus.*

22. — De ce principe que, dans le cas d'une transmission à titre particulier, il y a deux possessions distinctes, se complétant l'une l'autre, il résulte qu'il faut avoir égard au mérite et aux qualités intrinsèques de chaque détention successive : nous aboutissons donc à formuler ici trois règles pratiques précisément inverses de celles que nous avons signalées au no 19 :

1° Le successeur particulier d'un détenteur précaire peut, en répudiant la possession de son auteur, commencer, de son propre chef, une possession utile. L'art. 2239 est formel en ce sens : « Ceux, dit ce texte, à qui les fermiers, dépositaires et autres détenteurs précaires, ont transmis la chose par un titre translatif de propriété, peuvent la prescrire. » Le vice de précarité ne se transmet donc pas aux successeurs particuliers (1).

(1) Nous supposons, bien entendu, que le successeur particulier a pris possession de la chose soit par lui-même, soit au moins par l'intermédiaire d'un tiers qui le représente ostensiblement. Mais si, en fait, il avait laissé cette chose entre les mains de son auteur en vertu d'un constitut possessoire, il nous paraît évident qu'aucune prescription ne pourrait courir à son profit; car sa possession, d'une part, ne serait pas suffisamment publique, et, d'autre part, serait équivoque à l'égard du véritable propriétaire ; celui-ci, voyant toujours l'immeuble occupé par le même détenteur qui possédait pour son compte à lui propriétaire légitime, serait fondé à penser que rien n'est venu altérer la situation originaire : comp. l'art. 2228 ; — voy. auss Bélime, *Traité des actions possessoires*, nos 132 et 133 ; — MM. Aubry et Rau, t. II, § 181. — Pau, 14 mai 1830 (Dev. 1831, 2, 284). Est-ce que d'ailleurs, la plupart du temps, dans de semblables circonstances, les symptômes les plus irrécusables d'un concert frauduleux entre le tiers acquéreur et le détenteur précaire, usufruitier, tuteur, mandataire ou autre, ne se rencontreront pas? — Il faut même aller encore plus loin : si un fermier, après avoir vendu la chose à lui louée et l'avoir reprise à bail de l'acquéreur, avait continué de payer le fermage au premier bailleur, celui-ci devrait être considéré comme ayant continué de posséder par l'intermédiaire du fermier. Telle était déjà, en droit romain, l'opinion dn jurisconsulte Paul, rapportée dans la loi 32, § 1, Dig., *De acquirenda vel amittenda possessione*, liv. 41, tit. 2 : comp. les art. 1709, 1728 et suiv. C. Nap.

2° Supposons que l'auteur ait été de mauvaise foi : cet usurpateur du bien d'autrui n'aurait pu prescrire que par trente ans (art. 2262) ; eh bien! son ayant-cause à titre particulier, acheteur ou donateur, pourra, s'il est de bonne foi, prescrire par dix ou vingt ans seulement (art. 2265). Il aura donc le choix ou d'abandonner le temps acquis à son auteur pour la prescription trentenaire, afin de commencer lui-même une prescription plus courte, ou bien d'accepter la possession telle quelle de cet auteur, de manière à prescrire par trente ans seulement : il prendra toujours ce dernier parti s'il ne reste que peu d'années ou de mois à courir pour arriver au laps de trente ans, si, par exemple, le prédécesseur de mauvaise foi était en possession de l'immeuble depuis vingt-sept ou vingt-huit ans déjà, au moment de la transmission. Dans le doute, les tribunaux devront présumer que le successeur particulier a entendu prendre le parti qui, eu égard aux circonstances particulières de la cause, lui était le plus avantageux.

3° Si, à l'inverse, l'auteur était de bonne foi et le successeur particulier de mauvaise foi, ce dernier, à raison précisément de sa mauvaise foi personnelle, ne pourrait prescrire que par trente ans (art. 2262); car, il commence une *nouvelle possession* (1), et dès lors, n'étant pas dans la même situation que son auteur, il ne pourra pas profiter des avantages particuliers à la détention antérieure de celui-ci : par exemple, c'est une vente qui a eu lieu ; le vendeur, qui occupait de bonne foi et en vertu d'un juste titre, l'immeuble, était en possession depuis dix-neuf ans ; s'il avait gardé le bien durant une année encore, la propriété incommutable lui en aurait été acquise par application de l'art. 2265 : mais il vend cet immeuble à un acquéreur de mauvaise foi *qui sciebat prœdium esse alienum* : celui-ci devra encore posséder durant onze années, avant de pouvoir prescrire; car, vis à vis de lui, la révolution de trente années est indispensable (art. 2262).

23. — Cette solution nous paraît certaine. Toutefois elle a

---

(1) Cette nouvelle possession est à tel point réellement distincte de l'ancienne, que le successeur particulier peut (nous l'avons vu précédemment écarter celle-ci pour s'en tenir à la sienne propre toutes les fois qu'il a un intérêt quelconque à en agir de cette sorte.

été contestée par **MM.** Vazeille (n° 497), Troplong (t. 1, n° 432), Dalloz (v° *Prescription*, n° 384), et même pas un arrêt de la cour de Limoges du 2 décembre 1854 (Dev. 1856, 2, 549). L'acquéreur d'un immeuble, a-t-on dit, dont le vendeur (ou le donateur, ou le coéchangiste, etc.) avait la possession avec juste titre et bonne foi, doit être admis, quoique lui-même soit de mauvaise foi, à invoquer la prescription par dix ou vingt ans de l'art. 2265, en joignant sa propre possession à celle de son auteur : telle est la solution des textes, tel est aussi le résultat commandé par les principes :

1° Aux termes de l'art. 2235, la possession de tout ayant-cause, *soit à titre universel ou particulier*, forme avec celle de son auteur un tout indivisible; la loi répute la possession continuée toujours sur la même tête et sans aucune interruption; or, d'après l'art. 2269, il suffit, pour prescrire par dix ou vingt ans que la bonne foi ait existé à l'origine, c'est-à-dire au moment de l'acquisition (1); donc, la mauvaise foi,

(1) Les termes de l'art. 2269 ne sont pas exempts de toute ambiguïté : que faut-il, en effet, entendre au juste par le *« moment de l'acquisition ? »* — Est-ce le moment de la prise de possession, ou celui de la réalisation du contrat translatif (art. 1138, 1583 et 711), qu'il faut prendre en considération ? — On pourrait soutenir, non sans quelque apparence de raison, que c'est à l'époque de la prise de possession que l'art. 2269 entend se référer; car il s'agit ici d'une prescription à l'effet d'acquérir; or ce genre de prescription repose essentiellement sur la possession ; donc, etc. (comp. nos *Considérations générales sur l'acquisition ou la libération par l'effet du temps,* n° 57; — M. Wodon, *Traité théorique et pratique de la possession et des actions possessoires,* t. I, n° 195). — Nous inclinons toutefois plutôt à penser que le *moment de l'acquisition,* dont parle l'art. 2269, est l'instant même de la conclusion de la convention translative de propriété, lorsqu'il s'agit d'une transmission opérée par acte entre-vifs, de même qu'en matière de legs c'est le moment où le légataire a manifesté l'intention d'accepter le legs. La connaissance que le possesseur obtiendrait ultérieurement des droits du véritable propriétaire ne formerait aucun obstacle à l'usucapion. Les articles 711, 1138 et 1583 forment un premier argument très-puissant en faveur de notre doctrine. D'un autre côté, en matière de prescription, les rédacteurs du Code Napoléon emploient fréquemment le mot *acquisition* dans un sens conditionnel, pour exprimer l'idée d'une transmission de propriété qui se serait effectivement réalisée, si toutes les conditions essentielles à l'aliénation actuelle et définitive s'étaient trouvées réunies. C'est ainsi que l'art. 2265 emploie les expressions *« celui qui acquiert, »* pour signifier celui

qui survient après coup en la personne de l'ayant-cause, au début de sa propre appréhension, n'est pas un obstacle à la consommation de la prescription décennale ou vicennale.

2° Si l'on fait observer aux partisans de cette doctrine combien il répugne à la raison de penser que le tiers acquéreur de mauvaise foi puisse prescrire, par dix ou vingt ans, malgré la défaveur qui doit s'attacher à sa situation immorale, ils répondent que l'on est pourtant bien forcé d'admettre ce résultat pour le successeur à titre universel, et que l'art. 2235 met sur la même ligne les ayant-cause à titre universel et ceux à titre singulier, édictant ainsi une exception générale et absolue au principe de l'art. 2269. Si d'ailleurs la transmission n'avait pas eu lieu et que le précédent détenteur eût simplement cessé d'être de bonne foi, sa possession n'aurait-elle pas continué d'être valable? Qu'importe donc que la cessation de la bonne foi ait lieu dans la personne de ce détenteur lui-même ou dans celle de son acquéreur, de son ayant-cause à titre particulier?

24. — Il importe beaucoup, à notre avis, et nous maintenons énergiquement la règle aux termes de laquelle le successeur à titre particulier ne doit pas être admis, lorsqu'il a été *de mauvaise foi* au moment de son acquisition, à profiter de la bonne foi de son auteur, pour compléter la prescription

qui aurait réellement acquis, s'il avait reçu l'immeuble du vrai propriétaire. Il est vraisemblable que l'art. 2269 emploie le mot *acquisition* dans le même sens, et qu'ainsi le législateur se réfère à l'époque du contrat, c'est-à-dire à l'instant où la transmission de propriété s'est en apparence effectuée, pour déterminer la bonne ou la mauvaise foi du possesseur. Si le droit romain (en proclamant la règle que « *Mala fides superveniens*, id est scientia rei alienæ, *non impedit usucapionem*) exigeait la bonne foi lors de l'entrée en possession, c'est que, d'après les principes de cette législation, c'était la tradition seulement qui transférait la propriété (L. 20, Cod., *De pactis*, liv. 2, tit. 3) : or aujourd'hui, d'une part, l'effet translatif est attribué à la seule perfection des obligations (art. 711), et, d'autre part, la règle *Mala fides superveniens*, etc., est accueillie en termes formels par l'art. 2269; il nous paraît donc logique de reporter à l'époque de la conclusion du contrat l'exigence de la bonne foi requise autrefois chez l'acquéreur, par suite de principes différents, à l'époque de l'entrée en possession. Comp. MM. Aubry et Rau sur Zachariæ, t. II, § 218, notes 31, 32 et 33; — Bélime, *Traité du droit de possession et des actions possessoires*, n°s 183-188.

favorable et abrégée de dix ou vingt ans qui aurait pu être acquise à celui-ci.

1° Cette solution était consacrée par le droit romain, qui cependant, lui aussi, admettait (comme l'art. 2269 l'admet aujourd'hui) la règle *mala fides superveniens* (1) *non impedit usucapionem*. Voici, en effet, quelles sont les expressions employées par le juriconsulte Paul dans la l. 2 § 17, Dig. *Pro emptore*, liv. 41, tit. 4 : « *Si eam rem quam pro emptore usucapiebas, scienti mihi alienam esse, vendideris ; non capiam usu.* » Or rien n'indique l'intention, de la part des rédacteurs du Code de Napoléon, de rendre une décision nouvelle en sens contraire. Dans le silence des textes il convient donc d'adopter la décision conforme non-seulement à la tradition romaine, mais encore à la tradition de ceux des pays de droit écrit dans lesquels, même sous l'empire de notre ancienne jurisprudence, la bonne foi n'était pas requise pendant tout le temps de la possession à l'effet de prescrire.

2° Sans doute, il faut bien reconnaître que, si l'on adopte notre doctrine, les successeurs à titre particulier vont se trouver dans une situation évidente d'infériorité vis à vis des successeurs à titre universel ; mais telle est, à notre avis, la conséquence nécessaire de l'application des vrais principes. L'ayant-cause à titre universel étant (comme nous l'avons expliqué plus haut) le continuateur de la personne du défunt, il y a entre un tel successeur et son auteur identité de possession : il s'ensuit que la détention commencée de bonne foi par l'auteur doit profiter à l'héritier, de même qu'elle lui

---

(1) Le droit canonique, au contraire, exigeait toujours la bonne foi persévérante pendant toute la durée du temps requis pour prescrire : voy. nos *Considérations générales sur l'acquisition ou la libération par l'effet du temps* (n° 24). La règle, *Mala fides superveniens*, etc., n'était pas non plus admise par notre ancienne jurisprudence française. Pothier nous dit, en effet, dans son *Traité de la prescription*, 1re partie, chap. IV, art. 2, § 1, n° 113, et au chap. II, n° 34. « Nous avons, dans notre droit français, abandonné sur ce point le droit romain, et embrassé la disposition du droit canonique, qui exige la bonne foi pendant tout le temps requis pour la prescription. Cette disposition du droit canonique est très-équitable. » (Edition Bugnet, t. IX, pag. 329 et 358). L'art. 2269, en revenant à la règle romaine, nous paraît toutefois avoir consacré une solution beaucoup plus pratique et plus humaine, dans son indulgence.

nuira infailliblement lorsqu'elle aura été appréhendée de mauvaise foi. L'ayant-cause à titre particulier, au contraire, commence une nouvelle possession. Or, du moment qu'il y a autant de *possessions* que d'ayant-cause successivement appelés en vertu d'un titre particulier à s'installer sur l'immeuble, il y a aussi un nombre exactement correspondant de *commencements de possession;* et l'art. 2269 exigeant la bonne foi au moment de l'acquisition, la bonne foi doit se rencontrer trois fois s'il y a eu trois acquisitions, quatre fois s'il y en a eu quatre et ainsi de suite.

3° Enfin, nous ferons remarquer, avec M. Marcadé (sur l'art. 2235, n° 11), que la théorie contraire à la nôtre aboutit à la violation des principes les plus élémentaires en établissant une parité parfaite de position entre l'individu qui, après avoir acquis un bien de très-bonne foi, arrive plus tard à découvrir que ce bien ne lui appartient pas, entrant ainsi dans la classe des possesseurs de mauvaise foi, et celui qui dès l'origine a acquis de mauvaise foi un immeuble à lui transmis par un possesseur de bonne foi : « Ainsi, quand Paul vient, avec mauvaise foi, acheter à Pierre et posséder pendant cinq ans l'immeuble que celui-ci possédait de bonne foi depuis cinq autres années, c'est la même chose (suivant la doctrine par nous combattue), que si Pierre, après avoir acquis et possédé le bien de bonne foi pendant cinq ans, découvrait son erreur et le possédait de mauvaise foi pendant les cinq années suivantes : dans les deux cas (d'après cette doctrine), le résultat doit être le même ; et la circonstance que la mauvaise foi de Pierre n'est survenue qu'au milieu de sa possession, tandis que celle de Paul existait au moment même où il acquérait, serait complétement indifférente. Or, qui ne voit, au contraire, que cette circonstance est capitale et décisive? Autant *celui qui acquiert de bonne foi et ne connaît que plus tard le vice de son contrat* est digne d'indulgence et de pardon pour sa mauvaise foi postérieure, autant en est indigne celui chez qui cette mauvaise foi existe au moment même de l'acquisition. Quand Pierre a consciencieusement acheté et payé l'immeuble qu'il reconnaît plus tard n'avoir pas appartenu à son vendeur, insolvable peut-être au moment de cette découverte, peut-on vraiment le punir bien sévèrement de n'avoir pas été prévenir le propriétaire et lui rendre son bien, en accomplissant ainsi

un acte de délicatesse qui lui aurait coûté 50,000, 100,000 fr.,
toute sa fortune peut-être ? La loi civile pouvait-elle vraiment
n'accorder le bénéfice de la bonne foi qu'à celui qui, selon
les cas et quand besoin serait, pousserait ainsi la délicatesse
jusqu'à la consommation de sa ruine, alors qu'il n'a pourtant
aucune faute à se reprocher ? Ne devait-elle pas plutôt excu-
ser cet homme, placé sans sa faute dans une position si critique, d'avoir gardé le secret pour arriver au plus vite à la
prescription ? — Quand il s'agit, au contraire, d'un *acquéreur
qui était de mauvaise foi au moment même de l'acquisition*,
cette acquisition a été de sa part (quelle qu'ait pu être la
bonne foi originaire de son vendeur), un acte de friponnerie
que rien n'excuse et qui ne mérite assurément aucune indulgence (1). » (Comp. MM. Aubry et Rau, nouvelle édition de

(1) Il est clair que nous sommes amenés par la solution que nous adop-
tons ici à nous rallier complétement (nonobstant l'avis contraire de M. Troplong (*Traité de la prescription*, t. I, nº 432) à la doctrine enseignée par
Voët, *ad Pandectas*, lib. XLI, tit. III, nº 16 : « Neque dubium, dit le savant auteur, « quin et plurium successorum particularium possessio recte
jungatur, si modo nullus intermedius in mala fide fuerit. Hinc, si Primus
Secundo rem vendiderit et tradiderit, Secundus Tertio, Tertius Quarto,
Quartus Quinto, et omnes si bona fide fuerint, Quintus hic non modo
Quarti, sed et Tertii et Secundi et Primi accessione utetur. At si Tertium
in mala fide concipias fuisse, reliquos omnes in bona fide, Quinto sola
Quarti possessio proderit; non idem Tertii, aut eorum qui Tertium anteces-
serunt (L. 15, § 1, Dig., liv. 44, tit. 3, *De diversis temporalibus præscriptionibus*). Ainsi, lorsqu'un immeuble a été transmis à plusieurs ayant-
cause successifs à titre particulier (Voët suppose cinq achats successifs
suivis de tradition), et que tous ces ayant-cause ont été de bonne foi au
moment de leurs acquisitions respectives, le dernier venu peut profiter de la
possession de chacun de ses prédécesseurs ; car il reçoit l'immeuble avec tous
les droits qui reposaient sur la tête de son cédant immédiat, et, par conséquent, avec la faculté d'achever, dans son propre intérêt, la prescription
commencée par les auteurs de ce cédant. — Si, au contraire, l'un des
ayant-cause successifs a été de mauvaise foi au moment de son acquisition,
la chaîne de la possession est dès lors irrévocablement rompue, et celui qui
vient après le possesseur de mauvaise foi est obligé de commencer une possession nouvelle : dans l'espèce prévue par Voët, Tertius ayant été de mauvaise foi, Quintus ne pourra compléter la prescription décennale ou vicennale : sans doute Primus et Secundus ont été de bonne foi ; mais le bénéfice
de leur double détention est perdu pour Quintus, puisque la possession

1869, t. 2, § 218, note 37; — M. Le Roux de Bretagne, *Traité de la prescription*, t. 1, n° 353). Ainsi donc, quand le successeur particulier est de mauvaise foi, la bonne foi de son auteur ne l'autorise pas à se prévaloir de la prescription par dix ou vingt ans. Mais il peut, bien entendu, joindre la possession de ce dernier à la sienne propre, pour se placer sous l'égide de la prescription trentenaire, ainsi que nous l'avons expliqué précédemment.

25. — Il nous reste à signaler deux dernières combinaisons pratiques dont les conséquences ne soulèvent du reste aucune difficulté.

Si l'auteur et le successeur particulier sont *tous deux de bonne foi*, l'ayant-cause à titre particulier prescrira par dix ou vingt ans, suivant les cas, en joignant la possession de celui dont il tient ses droits à la sienne propre. Voy. les articles 2235 et 2265 combinés.

Si, au contraire, *l'un et l'autre ont également acquis* la chose *de mauvaise foi*, le successeur particulier ne pourra plus prescrire que par trente ans (art. 2262). Mais, dans cette mesure, il pourra joindre sa possession à celle de son auteur.

26. — Nous posons, sans aucune hésitation, l'affirmation de l'importante distinction à établir entre les successeurs universels, d'une part, et les successeurs particuliers, d'autre part, malgré la contradiction, au moins apparente, que semble nous opposer l'art. 2235 pris dans ses termes rigoureux.

La tradition historique, en effet, se présente à nous avec un caractère remarquable d'uniformité sur ce point. La ligne de démarcation entre les diverses classes d'ayant-cause est fermement tracée aux Institutes de Justinien, lib. 2, tit. 6, *De usucapionibus*, §§ 12 et 13; comp. la loi 11, Dig. *De diversis temporalibus præscriptionibus*, et le titre *De adquirenda ve amittenda possessione*, Dig., liv. 41, tit. 2, *passim*. — Sous l'empire de notre ancienne jurisprudence française, Pothier déclare formellement, dans son *Traité de la prescription* (1re partie, chap. iv, art. ii, §§ 112-125, édition Bugnet, t. 9,

actuelle de cet individu est séparée de la leur par l'acquisition intérimaire réalisée au profit de Tertius dont la mauvaise foi a rompu la continuité exigée par la loi.

p. 358-362), qu'au point de vue de l'union de la possession du successeur avec celle de son auteur, il y a une grande différence à faire entre les héritiers ou autres successeurs à titre universel et les successeurs à titre singulier; puis l'excellent auteur développe avec soin le principe avec ses conséquences.

Si les rédacteurs du Code Napoléon avaient voulu abandonner ici la tradition unanime des siècles précédents, ils auraient sans aucun doute procédé autrement que par voie de simple prétérition : or, nous voyons, au contraire, M. Bigot-Préameneu, lors de la présentation au Corps législatif du titre *de la prescription*, s'exprimer de la manière suivante, dans son Exposé des motifs, à propos de l'art. 2235 : « Le successeur *à titre universel*, de la personne qui tenait la chose pour autrui, *n'a point un nouveau titre de possession*. Il succède aux droits tels qu'ils se trouvent ; *il continue donc de posséder pour autrui*, et conséquemment il ne peut pas prescrire. Mais le successeur à titre universel et le *successeur à titre particulier* diffèrent en ce que *celui-ci ne tient point son droit du titre primitif de son prédécesseur*, mais du titre qui lui a été personnellement consenti. Ce dernier titre peut donc *établir un genre de possession que la personne qui l'a transmis n'avait pas*. Cette règle n'a rien de contraire à celle suivant laquelle nul ne peut transmettre plus de droits qu'il n'en a. Le titre translatif de propriété, donné par celui qui n'est pas propriétaire, ne transmet pas le droit de propriété ; mais la possession, prise en conséquence de ce titre, est un fait absolument différent de la détention au nom d'autrui, et dès lors cette possession continuée pendant le temps réglé par la loi peut établir le droit résultant de la prescription. » (Fenet, t. 15, p. 580 et 581.)

Il y a plus : le Code Napoléon fait une application frappante de l'antique distinction dans les art. 2237 et 2239. Le législateur commence par déclarer que le vice de précarité forme un obstacle absolu et indéfini à l'accomplissement de toute prescription : « Ceux, dit l'art. 2236, qui possèdent pour autrui ne prescrivent jamais, par quelque laps de temps que ce soit. Ainsi le fermier, le dépositaire, l'usufruitier, et tous autres qui détiennent précairement la chose du propriétaire, ne peuvent la prescrire. » Puis l'art. 2237 ajoute : « *Les héri-*

tiers de ceux qui tenaient la chose, à quelqu'un des titres désignés par l'article précédent, ne peuvent pas prescrire. » L'art. 2239 tient, à l'égard des ayant-cause à titre particulier, un langage bien différent : « Ceux, dit ce texte, à qui les fermiers, dépositaires et autres détenteurs précaires, ont transmis la chose par un titre translatif de propriété, peuvent la prescrire. » L'antithèse n'est-elle pas manifeste? — D'un côté la loi place les *héritiers et autres successeurs universels* du détenteur précaire : ceux-là sont irrévocablement condamnés à souffrir les conséquences des vices affectant la possession de leur auteur, quand même, ignorant la précarité du titre originaire, ils posséderaient eux-mêmes de bonne foi et avec l'intention non équivoque d'être propriétaires, *cum animo rem sibi habendi* (art. 2236 et 2237; aj. art. 2228). — Tout autre est la situation des *successeurs particuliers* de ce même détenteur précaire : eux, au contraire, ils peuvent commencer en leur propre nom une possession efficace au point de vue de la prescription (art. 2239); car ils sont de simples successeurs aux biens; ils ne sont pas des continuateurs de la personnalité juridique de leur auteur. — La différence doctrinale signalée plus haut est donc incontestable au point de vue soit théorique, soit pratique : aussi les cours impériales n'ont-elles jamais hésité à en appliquer les conséquences, de même que tous les auteurs s'accordent à proclamer le principe.

27. — Il nous reste à faire l'énumération des personnes qui rentrent soit dans la catégorie des successeurs à titre universel, soit, au contraire, dans celle des successeurs à titre particulier.

Les *successeurs universels* sont notamment :

1° Les héritiers légitimes (l. 2, § 18, Dig. *Pro emptore*; — art. 724 et 883 Cod. Nap.; — cass., 14 février 1857, Dev. 57, 1, 779);

2° Les donataires de biens à venir à titre universel (article 1082 Cod. Nap.; comp. art. 1084 du même Code);

3° Les légataires universels ou à titre universel (art. 1003 et 1010);

4° Les héritiers improprement dits, ou successeurs irréguliers, tels que l'enfant naturel, le conjoint survivant et l'État (art. 756-773); sans doute ils n'ont pas la saisine de plein droit des biens héréditaires (comp. art. 724, 770, 773); mais l'effet de l'envoi en possession obtenu par un successeur irrégulier remonte, comme l'acceptation des héritiers légitimes, au jour de l'ouverture de la succession : voy. les art. 777 et 789; cass., 13 juin 1855 (Dev. 1855, 1, 689);

5° Enfin les cessionnaires auxquels un successeur universel ou à titre universel, appelé soit en vertu d'une donation, soit en vertu d'un testament, soit en vertu des droits du sang, aurait transmis toutes ses prérogatives héréditaires par une subrogation sans réserves.

Les *successeurs particuliers* peuvent être tantôt des ayant-cause à titre gratuit, tels que des donataires, ou des légataires dans les termes de l'art. 1014, tantôt des ayant-cause à titre onéreux, tels que des acheteurs (art. 1582), des échangistes (art. 1702), etc.

28. — Bien que notre art. 2235 ne parle de la jonction des possessions qu'à propos de la prescription, tout le monde est d'accord pour admettre l'extension de la règle qu'il consacre à la matière des actions possessoires. Il y a, en effet, identité de motifs, et, de plus, l'art. 23 du Code de procédure civile paraît bien consacrer cette solution en accordant le bénéfice de la saisine possessoire à ceux qui, depuis une année au moins, ont été en possession paisible, par eux *ou les leurs* à titre non précaire. MM. Aubry et Rau, t. II, § 181, note 4, font, en outre, observer fort judicieusement que le droit romain (v. *suprà*, n° 7) admettait déjà la règle de l'accession des possessions en matière d'interdit *utrubi*, institution qui présente une analogie frappante avec les actions possessoires de notre droit actuel.

29. — Pour savoir si l'accession des possessions a pu se réaliser dans une situation déterminée, il faut se préoccuper, d'une part, des qualités intrinsèques de la possession considérée en elle-même, et, d'autre part, de la nature du lien qui rattache la personne du possesseur actuel aux précédents détenteurs de l'immeuble. Ce double examen est absolument indispensable.

30. — Les qualités essentielles que doit réunir la possession considérée en elle-même peuvent être ramenées aux trois suivantes : — 1° Il faut que les deux possessions successives se soient suivies sans aucune interruption, soit civile, soit na-

turelle;   2° il faut qu'elles soient uniformes quant à l'objet possédé et quant au droit exercé primitivement sur cet objet; — 3° il faut qu'elles ne soient atteintes d'aucun vice intrinsèque, comme par exemple pourraient être la précarité, la clandestinité, la violence, ou la circonstance que les faits posés rentreraient dans la catégorie des actes de pure faculté ou dans celle des actes de pure tolérance. Ce dernier point nous amènera à expliquer incidemment les dispositions des articles 2229, 2232, 2233, 2236 et suivants du Code Napoléon.

31. — La première condition requise pour que l'accession puisse avoir lieu, c'est que les deux possessions, celle de l'auteur et celle de l'ayant-cause, se soient suivies *sans aucune interruption* (art. 2229, 2235, 2242 et suivants), en telle sorte qu'elles soient contiguës et justaposées.

Il faut distinguer, à ce point de vue, deux espèces possibles d'interruption : il y a, en effet, l'interruption *civile* et l'interruption *naturelle* (1). L'interruption *civile* est celle qui découle

______

(1) L'interruption naturelle diffère de l'interruption civile sous un double aspect : — 1° l'interruption *naturelle* est particulière à la prescription acquisitive; car elle résulte d'un fait physique et matériel de la *possession* plus qu'annale (art. 2243) réalisée au profit d'un tiers. Or, la possession est un élément constitutif de la prescription acquisitive seulement (Comp. nos *Considérations générales sur l'acquisition ou la libération par l'effet du temps*, n° 57). Donc, etc. — L'interruption *civile* qui, aux termes de l'art. 2244, résulte d'un acte judiciaire, est, au contraire, applicable à la fois en matière de prescription acquisitive et en matière de prescription libératoire. Telle est la règle générale : cette règle souffre toutefois exception en matière de servitudes; la prescription libératoire des servitudes personnelles et des servitudes réelles même discontinues est, en effet, susceptible d'interruption naturelle : le motif en est dans la décision des art. 617, al. 4, et 706 qui admettent l'extinction possible de ces sortes de servitudes par le non-usage, c'est-à-dire par l'inaction et l'incurie du titulaire, se prolongeant durant trente ans. Supposez donc que, titulaire d'un droit d'usufruit sur votre immeuble B, je cesse de percevoir les fruits en 1810 : à ce moment, la prescription libératoire par trente ans, qui doit affranchir votre immeuble, commencera à courir; car, d'après les art. 617 et 707, la prescription exigée pour l'extinction des servitudes par le non-usage prend son point de départ à compter du dernier acte de jouissance, lorsqu'il s'agit de servitudes discontinues, ou à compter du jour où il a été fait un acte contraire à la servitude, lorsqu'il s'agit de servitudes continues. Je reste ainsi inactif, pendant vingt-neuf ans, jusqu'en 1869; puis, à cette époque, je recommence à

de certains actes juridiques auxquels la loi a donné le privilége d'interrompre la prescription. Ces actes, énumérés par les art. 2244, 2245 et 2248, sont au nombre de cinq : — 1° toute

percevoir les fruits et les revenus; mon acte de jouissance constituera une interruption naturelle qui effacera la prescription libératoire en train de courir à votre profit. — 2° L'interruption *naturelle*, consistant dans la cessation de la possession, apporte nécessairement un obstacle absolu à la prescription, *erga omnes* : je suis dépossédé, pendant plus d'un an, de l'immeuble que je détenais ; un usurpateur s'en est emparé : il est manifeste que je ne puis plus prescrire contre qui que ce soit. — L'interruption *civile*, au contraire, résultant de l'échange de reconnaissances individuelles ou de significations et d'actes le plus souvent judiciaires, est *relative* dans ses effets ; elle ne profite en général qu'à celui qui l'a faite, et la prescription n'est interrompue qu'à l'égard de celui-là seul auquel la notification s'adresse nominativement.

L'interruption, envisagée dans sa nature intime (qu'elle ait lieu civilement ou naturellement, peu importe), diffère essentiellement de la suspension dont s'occupent les art. 2251 et suivants. Interrompre une prescription, c'est la briser, l'anéantir, en telle sorte que le temps, qui a couru jusque-là, ne puisse plus être compté comme utile à l'accomplissement des délais dont la révolution est requise par la loi. La prescription courût-elle déjà depuis vingt-neuf années, fût-elle même à la veille de s'accomplir, si l'interruption la frappe, elle est complétement effacée; il ne saurait désormais en être question. La suspension, au contraire, laisse subsister tous les délais accomplis dans le passé : elle en arrête seulement le cours pendant un intervalle plus ou moins prolongé; dès qu'elle cesse, la prescription recommence, et elle sera définitivement accomplie, lorsque la somme du délai antérieur et du délai postérieur à la suspension sera égale au total des années dont la révolution est requise. La suspension n'est donc, pour la prescription, qu'une crise accidentelle, tandis que l'interruption, c'est la mort. Nous prenons l'hypothèse suivante pour mettre bien en relief cette importante distinction : Pierre s'est mis, de mauvaise foi, en possession de l'immeuble B, qui appartient à Jacques, et sa possession dure déjà depuis vingt-neuf ans, sans aucune réclamation de la part de Jacques. Il ne faut donc plus à Pierre qu'une année seulement (art. 2262) pour avoir pleinement réalisé son acquisition par le laps de temps. Une cause d'interruption, par exemple une citation en justice, survient dans ces circonstances : par application de l'art. 2244, les vingt-neuf ans de possession, acquis à Pierre, sont complétement effacés; il va falloir qu'il recommence une nouvelle prescription. Au contraire, dans la même hypothèse, Pierre étant, depuis vingt-neuf ans en possession de l'immeuble B, Jacques, le véritable propriétaire, vient à décéder, laissant un héritier mineur; la prescription (art. 2252) va être suspendue ; mais, le jour où l'héritier de Jacques, aujourd'hui mineur, demande ou citation en justice régulièrement formée, soit à titre principal, soit même à titre reconventionnel; — 2° le commandement; — 3° la saisie signifiée à celui que l'on veut

aura atteint sa majorité, la prescription reprendra son cours; les vingt neuf ans déjà accomplis dans le passé seront utiles, et une seule année de possession suffira désormais à Pierre pour réaliser son acquisition par prescription. L'interruption produit donc ses effets dans le passé qu'elle anéantit et efface; mais, quant à l'avenir, elle ne jouit d'aucune espèce d'influence. La suspension, au contraire, produit seulement un moment d'arrêt, à la suite duquel le passé et l'avenir se rejoignent pour renouer la chaîne des temps et consommer la prescription. Il y a encore une autre différence caractéristique à signaler : l'interruption résulte nécessairement du fait de l'homme (comp. les art. 2243, 2244, 2248, etc.). La suspension est toujours l'œuvre de la loi qui, dans sa souveraineté, l'impose comme un moyen de protection en faveur des incapables (comp. les art. 2252, 2253, 2257, 2256). Pourtant, la suspension et l'interruption de prescription, si elles sont différentes par leur nature, peuvent parfaitement se rencontrer à propos du même fait juridique; on peut facilement imaginer telle hypothèse pratique, dans laquelle la prescription se trouvera en même temps interrompue, suspendue et modifiée quant à ses conditions de durée, tantôt par l'extension, tantôt par l'abréviation des délais (comp. M. Marcadé sur l'art. 2241, n° 2). Nous choisissons l'espèce suivante : certaines dettes se prescrivent par cinq ans; elles sont énumérées par l'art. 2277, et les pensions alimentaires notamment rentrent dans cette catégorie. Eh bien! supposez que je sois débiteur, vis à vis de vous, d'une rente annuelle de mille francs à titre de pension alimentaire : depuis quatre ans et six mois je ne vous ai rien payé; les choses étant en cet état, je souscris entre vos mains une reconnaissance de six mille francs à la veille du jour où la prescription allait s'accomplir, et je m'oblige à vous payer ces six mille francs au bout d'une année à dater de mon nouvel engagement. Dans cette espèce, la prescription est d'abord *interrompue;* car il y a eu reconnaissance de la dette; donc (article 2248), les quatre années déjà écoulées sont effacées avec les six ou dix mois qui s'y étaient ajoutés. La prescription est, de plus, *suspendue;* car, ma nouvelle dette est à terme, mon billet étant souscrit à un an d'échéance : or, aux termes de l'art. 2257 *in fine*, la prescription ne court pas à l'égard d'une créance à jour fixe, jusqu'à ce que ce jour soit arrivé; donc, durant une année, la prescription restera en suspens. Enfin la *durée des délais requis* pour prescrire est modifiée; car il ne s'agit plus d'une dette alimentaire prescriptible par cinq ans (art. 2277); j'ai souscrit (en opérant novation, je le suppose) un billet, expression d'une obligation de droit commun; donc la prescription de trente ans (art. 2262) va seule pouvoir désormais trouver son application à la situation nouvelle des parties.

empêcher de prescrire ; — 4° la citation en conciliation suivie d'une assignation dans le mois ou d'une comparution volontaire (comp. art. 48 et 57 Cod. proc. civile) ; — 5° la reconnaissance, par le possesseur ou le débiteur, du droit du propriétaire ou du créancier ; cette reconnaissance peut être d'ailleurs soit expresse, soit tacite.

L'interruption *naturelle* est, d'après l'art. 2243, celle qui résulte d'un fait matériel. Or, les différents faits qui sont de nature à opérer l'effet indiqué par l'art. 2243 ont été, avec juste raison, ramenés par M. Marcadé (sur l'art. 2248, n° 4) aux quatre variétés suivantes : il y a interruption naturelle, 1° lorsqu'un possesseur est privé, par un tiers, pendant plus d'une année, de la jouissance de la chose ; — 2° quand ce possesseur abdique sa possession, puisque, par cette abdication spontanée et volontaire (mais fort rare, assurément), il devient complétement étranger à la chose ; — 3° quand le titulaire d'une servitude en voie de se prescrire par le non-usage se remet à exercer cette servitude ; — 4° quand la chose possédée et en voie d'être acquise par prescription change de nature et devient absolument imprescriptible. Il est clair, par exemple, que si la chose est complétement anéantie par un cas de force majeure, ou si elle sort du domaine privé pour entrer dans le domaine public, il n'y aura plus aucune trace de possession, ni aucune éventualité de prescription possible.

Nous allons faire l'application de ces principes à notre sujet de l'accession des possessions. Nous supposons d'abord un cas d'interruption *civile :* une citation en justice a été adressée au possesseur en premier ordre, ou bien (la transmission une fois opérée) à l'acquéreur à titre particulier, ou au successeur universel de ce possesseur. L'interruption est consommée et le temps qui a couru jusqu'à ce moment ne peut plus être compté comme utile à l'accomplissement de la prescription. Voici maintenant un cas d'interruption *naturelle :* Vous me vendez l'immeuble A, ou bien (1) je suis votre héritier (art. 724), et je trouve cet immeuble dans votre succession :

(1) La première condition, qui forme en ce moment l'objet de notre examen, est commune aux successeurs universels et aux successeurs particuliers. Il n'y a pas, sur ce point, de distinctions à établir entre les différentes catégories d'ayant-cause.

la jonction des possessions (art. 2235) est possible en principe ; mais voilà que le vrai propriétaire ou même un tiers m'évincent et détiennent matériellement l'immeuble *cum animo rem sibi habendi*, durant plus d'un an ; ce fait eût empêché votre possession de vous compter pour le passé, s'il se fût produit vis à vis de vous ; ce fait sera également interruptif de prescription à mon égard ; car, par sa nature, il est incompatible avec la conservation des avantages antérieurement attachés à nos deux possessions contiguës et juxtaposées.

Il faut toutefois observer que la détention de l'héritier, qui précède la délivrance de l'objet légué, ne constitue pas à l'encontre du légataire une interruption de prescription, quand bien même la détention de l'héritier aurait duré plus d'un an : la raison en est qu'ici il n'y a pas antagonisme, il n'y a pas contradiction entre l'existence de la possession toute provisoire chez l'héritier et le droit du légataire. Supposez l'hypothèse suivante : Votre père meurt le 1er janvier 1869 ; vous, l'héritier du sang, vous vous mettez en possession de tous ses biens ; les choses restent en cet état durant plus d'une année, jusqu'au mois de février 1870 : alors seulement on découvre un testament par lequel votre père me léguait l'immeuble A, dont, en réalité, il n'était pas le légitime propriétaire, mais qu'il possédait *proprio jure* depuis 28 ans déjà, au moment de son décès. Je forme une demande en délivrance de mon legs et vous me faites immédiatement tradition de l'immeuble. Puis voilà qu'au mois de mars 1871, un tiers, se prétendant vrai propriétaire de cet immeuble A, intente contre moi une action en revendication ; j'oppose aussitôt la prescription de trente ans (art. 2262). Le tiers me répond alors : Vous ne possédez que depuis un an seulement et vous ne pouvez pas joindre à votre détention personnelle celle du *de cujus* qui vous a institué légataire ; car une interruption naturelle s'est produite par suite de la possession plus qu'annale (art. 2243, C. N., et art. 23, C. proc. civ.), exercée par le fils du testateur avant la découverte du testament. Eh bien ! il faut tenir une telle prétention pour absolument inadmissible : la possession de l'auteur du legs s'est en réalité continuée à mon profit sur la tête de son héritier légitime, lequel n'a eu qu'une détention intérimaire, fondée sur l'ignorance où l'on était de l'existence d'un acte de dernière volonté, et n'a jamais entendu poser un droit adverse en face du mien. Telle était déjà, au surplus, sous la législation romaine, la solution donnée par le jurisconsulte Ulpien dans la loi 13, § 10, Dig., liv. 41, tit. 2, *De adquirenda vel amittenda possessione.*

Il convient même d'aller plus loin : il peut arriver que le temps, pendant lequel une succession reste vacante, compte à l'héritier pour sa possession, soit à l'effet de prescrire, soit à l'effet de jouir du bénéfice des actions possessoires. Cette proposition n'est qu'une application des principes généraux du droit quant à la continuation indéfinie de la personne juridique (art. 724), quels que soient d'ailleurs les êtres animés qui la représentent. Par exemple, une succession s'est ouverte au profit de Pierre le 1er juillet 1869; Pierre n'en a été instruit qu'au mois de juillet 1871, et il a pris possession des biens héréditaires seulement à cette dernière époque; par conséquent, durant deux ans la succession est restée vacante. Eh bien ! la prescription, si, par hasard, elle était nécessaire, aura continué à courir au profit de Pierre sur la tête de l'hérédité jacente, pendant ces deux années : « Hæreditas, nondum adita, personam defuncti sustinet, » a dit la loi 31, § 5, Dig., liv. 41, tit. 3, *De usurpationibus et usucapionibus.* (Comp. l. 44, § 3, eod. tit.; l. 2, § 18, Dig., liv. 41, tit. 4, *Pro emptore.*) Il pourra donc arriver quelquefois que la prescription commencée s'achève après le décès du possesseur originaire, dans l'intervalle même de ce décès à l'acceptation de l'hérédité : dans ce cas, l'héritier, lorsqu'il se présentera, recueillera, non plus une simple possession, mais une propriété complète et définitivement confirmée : « Possessio defuncti (dit la loi 30, Dig., liv. 4, tit. 6, *Ex quibus causis majores*), quasi juncta descendit ad hæredem ; et plerumque nondum adita hæreditate completur. »

Pour que l'accession des possessions ait lieu, outre l'absence d'interruption civile ou naturelle, il faut encore la *continuité;* l'art. 2229 le déclare formellement : « la possession doit être continue. »

La possession continue est celle qui se manifeste extérieurement par des actes de jouissance géminés et assez rapprochés les uns des autres pour constituer l'exercice, sans

intermittences *juridiquement* appréciables, des prérogatives
habituelles, soit à la propriété, soit du moins au droit prétendu. Toutefois, la loi n'exige pas une continuité rigoureuse
qui, dans la réalité des choses, serait la plupart du temps
irréalisable. Il suffit que le possesseur se livre à tous les actes
de jouissance que comportent la nature et la destination de la
chose. La Cour de cassation, faisant l'application de ces principes à la récolte annuelle du varech qui croît sur les rivages
de la mer, dit fort à propos, dans son arrêt du 5 juin 1839 :
« La possession s'exerce suivant la nature de l'objet auquel
elle s'applique, et celle qui ne peut se manifester qu'à de
certains intervalles par des faits distincts et plus ou moins
séparés n'en est pas moins continue, par cela seul qu'elle a
été exercée dans toutes les occasions et à tous les moments
où elle devait l'être, et qu'elle n'a pas été interrompue soit
par la cessation absolue des actes, soit par des actes contraires, émanés des tiers » (Comp. Dalloz, v° *Prescription
civile*, n° 182).

Du reste, la question de savoir si la possession s'est manifestée par des actes suffisamment répétés, eu égard à la
nature du droit qu'il s'agissait de prescrire, rentre dans
l'appréciation discrétionnaire des tribunaux, et c'est ici le cas
d'appliquer cette réflexion judicieuse d'un vieil auteur :
« *Sæpissime modica differentia facti maximam inducit juris
diversitatem.* » Comp. cass., 12 décembre 1860 (Dev. 1861, 1,
955). Ainsi donc, la possession continue est tout simplement
celle qui constitue la jouissance régulière et normale de la
chose.

Dès lors, le caractère de continuité ou de discontinuité ne
s'apprécie pas ici de la même manière que pour les servitudes. L'art. 691, on le sait, décide que les servitudes discontinues, apparentes ou non apparentes, ne peuvent s'établir
que par titres et ne sont pas susceptibles de prescription
(comp. les art. 688 et 690). Mais cela ne tient pas à ce que
leur possession ne serait pas susceptible de la *continuité*
qu'exige l'art. 2229. — Tout au contraire, malgré les intermittences de fait qui sont de l'essence des servitudes dites
discontinues, envisagées dans leur exercice pratique, leur
possession peut très-bien être continue dans le sens des
art. 2228 et 2229. Cela arrivera notamment toutes les fois

que le droit prétendu de passage, de puisage ou de pacage (art. 688) aura été mis en mouvement aussi fréquemment que le besoin s'en sera présenté. De même, en effet, qu'il n'est pas nécessaire d'être, à chaque instant du jour et de la nuit, sur la terre ou dans la maison que l'on veut prescrire, de même le propriétaire qui va puiser à la source du voisin toute l'eau nécessaire pour son usage personnel et pour celui de sa famille, aura véritablement *possédé*, d'une manière *continue*, un droit de passage et un droit à cette source, bien que cependant il n'ait pas pu être, à chaque instant du temps et de la durée, occupé à passer ni à puiser de l'eau. La vraie cause de l'imprescriptibilité des servitudes discontinues se trouve dans l'art. 2232, aux termes duquel les actes de pure faculté et ceux de simple tolérance ne peuvent fonder ni possession ni prescription : Vous passez sur mon fonds et vous vous rendez chaque jour à ma source pour y puiser de l'eau : je vous laisse en agir ainsi parce que votre fait ne me cause aucun préjudice. Mais je n'ai pas, le moins du monde, l'intention de vous consentir l'établissement d'une servitude, pas plus que vous ne vous proposez d'acquérir un droit contre moi. N'est-il pas évident, d'ailleurs, au point de vue social, que, si la loi eût attaché à ces relations de bon voisinage des conséquences aussi graves que celles qui aboutissent à la constitution des services fonciers, elle aurait jeté de dangereux germes de discordes, elle aurait rendu les propriétaires nécessairement défiants et intraitables? Voilà bien pourquoi les art. 691 et 2232 combinés ont été édictés, pour rassurer les propriétaires, en leur affirmant que jamais leurs bons offices réciproques n'engendreraient des droits acquis ou des servitudes passives. Comp. M. Demolombe, *Traité des servitudes*, tome 2, n° 786.

L'art. 2229, en exigeant, au point de vue de la prescription, que la possession soit à la fois *continue et non interrompue*, ne confond pas ces deux qualités. Sans doute, toute interruption a pour conséquence nécessaire une solution de continuité dans la possession. Mais une possession peut parfaitement cesser d'être continue, sans pour cela avoir été nécessairement interrompue : en dernière analyse, l'interruption provient du fait d'un tiers; il y a discontinuité, quand le fait qui arrête l'exercice du droit provient du possesseur lui-même;

quelques exemples feront mieux saisir ces affirmations doctrinales. Possesseur du fonds B, je reste un certain nombre d'années sans le cultiver et sans faire aucun acte de maîtrise ; ma possession manque évidemment de continuité ; cependant, si aucune réclamation du véritable propriétaire ne s'est produite, si aucune jouissance d'un tiers ne s'est substituée à la mienne (art. 2243), je n'ai été frappé d'aucune interruption. A l'inverse , la possession peut être interrompue, sans cesser d'être continue ; possesseur de la maison A, je n'ai jamais cessé de l'habiter depuis dix-huit ans ; mais voilà que le propriétaire véritable intente contre moi des poursuites en justice : ma possession (art. 2244) va être interrompue civilement et paralysée dans ses effets ; mais elle n'en aura pas été moins continue.

Ce n'est point au possesseur qu'il incombe de fournir la démonstration victorieuse de la continuité ou de la non-interruption de sa possession pendant tout le temps qu'elle a duré. L'art. 2234 lui vient en aide, en établissant une présomption simple, *juris tantum*, aux termes de laquelle le possesseur actuel, qui prouve avoir possédé anciennement, est présumé avoir possédé dans le temps intermédiaire , sauf la preuve contraire. C'est la reproduction de l'ancien adage *probatis extremis media præsumuntur*. Comp. M. Dalloz, v° *Prescription civile*, n° 263.

La possession ne peut être utile, au point de vue de la prescription, qu'autant qu'elle est *non équivoque* (art. 2229), c'est-à-dire qu'il ne doit exister aucune incertitude, ni sur les caractères, ni sur les effets qu'entend y attacher celui qui l'exerce. Le vice d'équivoque se rattache étroitement aux autres dispositions de l'art. 2229 : « Si la possession, dit M. Le Roux de Bretagne (*Nouveau traité de la prescription en matière civile*, t. 1, n° 342), a éprouvé des intermittences de nature à rendre incertaine sa continuité ; si, sans être tout à fait clandestine, elle n'a pas été franchement publique ; si, sans avoir été continuellement troublée, elle n'a pas été suffisamment paisible ; si les actes par lesquels elle s'est manifestée sont ambigus et ne révèlent pas clairement l'intention de celui qui les a exercés ou qui les a soufferts, en un mot, si les preuves rapportées ou les documents produits par les parties laissent le juge dans un état d'incertitude qui ne lui permette ni d'affirmer, ni de nier l'existence des conditions requises pour la prescription, la possession est équivoque dans le sens de l'art. 2229. » Comp. Nancy, 19 mars 1870 (D. P. 1870, 1, 193).

32. — Pour pouvoir joindre sa possession à celle de son auteur, il faut que les deux possessions successives, celle de l'auteur et celle du successeur, aient été *uniformes quant à l'objet possédé et quant aux droits privativement exercés sur cet objet* (1). Ainsi, par exemple, il est évident qu'aucun ayant-cause, quel qu'il soit, ne saurait être admis pour établir, à son profit, la prescription de la pleine propriété d'un immeuble, à invoquer la possession qu'aurait eue son auteur d'un simple droit *réel* sur cet immeuble : « *Tantum præscriptum quantum possessum.* » (Comparez M. Le Roux de Bretagne, *Traité de la Prescription*, t. 1ʳ, nᵒˢ 323 et suiv.)

Il peut se présenter à la fois, plusieurs acquéreurs ou ayant-cause se prévalant les uns et les autres de la possession de leur auteur commun. On demande quel est celui qui doit en profiter et jouir du bénéfice de l'accession. La loi 6, Dig., *De diversis temporalibus præscriptionibus* (liv. 44, tit. 3), répond que c'est celui qui, le premier, aura reçu la livraison de la chose. Cette solution nous paraît être encore exacte aujourd'hui ; car la possession doit se rencontrer à la base de toute prescription acquisitive : comparez nos considérations générales sur l'*acquisition ou la libération par l'effet du temps*, nᵒ 57, pages 119 et suivantes.

De tout ce que nous venons de dire, il résulte que dans toute question relative à la possession, le juge saisi doit, avant tout, se préoccuper de la nature et de la durée de cette possession ; il doit toujours rechercher s'il a devant lui, ou 1ᵒ la *simple détention* de la chose, *nuda detentio*, appelée aussi quelquefois, avec moins de justesse, *possession naturelle*, qui consiste dans une occupation purement physique et matérielle, pour le compte d'autrui et sans aucune prétention à la propriété ; ou 2ᵉ la possession *animo domini*, appelée souvent *possession civile*, mais de moins d'un an de durée ; ou 3ᵉ la possession *annale*, la saisine possessoire ; ou 4ᵒ la possession (2) *réunie*

_____

(1) Voyez *suprà*, nᵒ 30.

(2) Il est facile de préciser les points de contact qui existent entre la

à la propriété et se confondant avec elle, soit parce qu'elle a duré plus de trente ans, soit parce qu'il existe un titre légitime d'appropriation ; — elle est souvent désignée par ces expressions : *le droit de posséder*. (Bélime, *Actions possessoires*, n° 11.)

Eh bien ! il peut parfaitement arriver que ces différents faits se trouvent réunis dans une seule et même espèce, en sorte que l'on y rencontre ces quatre prérogatives, de nature si diverse, *s'exerçant simultanément :* je prends l'exemple suivant : — Pierre est vrai propriétaire du domaine A ; un voisin, Paul, si vous voulez, profitant de l'absence du véritable propriétaire, vend à un tiers, nouvellement arrivé dans le pays, et que nous appellerons Jacques, le domaine en question ; Jacques entre en jouissance et cultive le domaine pendant plusieurs années, en un mot, *pendant plus d'un an ;* puis survient un usurpateur, Raymond, qui évince Jacques et se met en possession du fonds ; je suppose, bien entendu, que l'héritage a été enlevé par Raymond *depuis moins d'un an ;* cet usurpateur ne cultive pas, d'ailleurs, par lui-même, mais il a affermé l'immeuble. On peut voir que, dans cette espèce, toutes les variétés de possession, indiquées plus haut, sont réunies : *la détention simple* de la chose, *la possession naturelle*, elle est entre les mains du fermier ; *la possession de moins d'un an*, elle est représentée par Raymond l'usurpateur, qui possède par l'intermédiaire de son fermier ; *la possession annale, la saisine possessoire* repose sur la tête de Jacques ; — enfin *le droit* de posséder légitimement le domaine existe au profit de Pierre, l'absent, contre lequel nul n'a encore prescrit la propriété (art. 2262 et 2265) et qui peut *revendiquer*.

Nous sommes ainsi naturellement amenés à l'examen d'une question célèbre dans notre ancienne jurisprudence et

---

possession et la *propriété*. Dans la propriété nous trouvons la réunion du fait et du droit : j'ai la chose et je suis en droit de l'avoir ; je suis propriétaire légitime. — La possession, au contraire, dans son principe, c'est un fait, que la loi protége ensuite, qu'elle légitime même dans une certaine mesure au bout d'un certain temps (une année) ; mais enfin, dans sa nature, c'est un fait. Lorsque vous êtes simple possesseur, en effet, vous profitez, il est vrai, de toutes les prérogatives de la propriété : mais vous n'avez ni titre légal ni titre conventionnel, *possideo quia possideo* : la possession est à la fois votre moyen et votre titre à la jouissance de la chose.

dans la législation romaine, à savoir *si plusieurs personnes peuvent posséder en même temps la même chose?*

Les jurisconsultes romains étaient loin de s'entendre sur cette matière des *cumpossessiones*, et il y avait controverse entre les deux écoles, les Sabiniens d'une part, et les Proculéiens de l'autre. (Consulter Paul, l. 3, § 5, ff. *De adquirenda vel amittenda possessione;* Ulpien, l. 3, ff. *Uti possidetis;* Pomponius, l. 15, § 4, ff. *De precario. Adde* Pothier, *Traité de la possession,* nº 4.) Toutefois le sentiment qui semble avoir prévalu sous Justinien est celui des Proculéiens et il est consacré en ces termes : « *Plures eamdem rem in solidum possidere non possunt.* »

Pour résoudre cette question, il importe de bien s'entendre sur la portée qu'elle doit avoir. D'abord, il est évident que plusieurs personnes peuvent avoir simultanément la *possession indivise* d'une même chose; cela même arrive fort souvent entre héritiers ou copropriétaires, et, à proprement parler, *le principe de la loi romaine n'est ici nullement tenu en échec;* car le copossesseur indivis ne possède que sa part indivise seulement; il ne prétend aucun droit sur la part des autres, alors même que la chose serait indivisible; la possession ne s'exerce donc pas ici sur le même objet *in solidum.*

D'un autre côté, plusieurs personnes peuvent encore parfaitement avoir la possession d'une même chose, mais à *des titres différents :* nous l'avons déjà démontré plus haut. Ainsi l'un peut avoir la possession civile, *animo domini;* — l'autre, la détention *purement naturelle,* par exemple, comme fermier ou comme dépositaire. Ici encore, bien que le droit de chacun porte sur une chose en apparence identique, cette chose renferme cependant, *en réalité et au fond,* deux objets bien distincts; les deux droits ne sont nullement rivaux, ils ne se rencontrent pas sur le même terrain; l'un est un droit propre, de sa *nature exclusif et absolu;* l'autre un droit purement temporaire et délégué; tous les deux s'exercent, à la vérité, sur le même objet matériel, mais considéré sous un *aspect essentiellement différent.*

Réduite à ses véritables termes, la question revient donc à demander *si deux ou plusieurs personnes peuvent avoir en même temps, au même titre et pour le total* (in solidum), *la possession d'une même chose.*

Or, ainsi posée, elle ne nous paraît pas pouvoir être résolue autrement que par la *négative : un même objet ne peut pas être possédé, pour le total et au même titre, par plusieurs personnes en même temps : plures eamdem rem in solidum possidere non possunt.* — Il en est, sur ce point, de la possession comme de la propriété elle-même : la nature des choses exige qu'il en soit ainsi : car la possession, n'étant autre chose que l'*image* de la propriété, doit participer de sa nature, et être, comme elle, *absolue* et *exclusive :* dès lors, du moment où un individu commence à posséder *civilement*, il faut nécessairement que le détenteur précédent voie périr son droit ; le jurisconsulte Paul a très-bien dit : « *Contrà naturam est ut, quum ego aliquid* « *teneam, tu quoque id tenere videaris... non magis enim eadem* « *possessio apud duos esse potest, quam ut tu stare videaris in* « *eo loco, in quo ego sto : vel in qvo ego sedeo, tu sedere videaris.* »

Seulement peut-être y a-t-il ici une question de mots plutôt que de choses : en effet, *tout droit n'est réellement utile qu'autant qu'il est muni d'une action*, et l'on ne peut triompher dans une instance qu'autant que l'on administre complétement la preuve de l'existence du droit prétendu. Or, s'il y a une matière sujette à difficultés, c'est la possession, si souvent *en fait* ambiguë et obscure ; il arrivera parfois que le juge de paix, placé entre deux plaideurs alléguant des actes de jouissance à peu près semblables et les faisant d'ailleurs remonter à la même époque, ne rencontrera que le doute et l'incertitude ; il ne peut, en effet, apprécier la possession que *d'après les faits établis dans l'enquête :* alors, les actes de possession étant réciproquement prouvés, et se balançant exactement les uns les autres, il se trouvera, faute d'une démonstration péremptoire de la part de l'un ou de l'autre des plaideurs, dans l'impossibilité de démêler de quel côté se trouve la possession véritable ; en sorte que, le *fait* prévalant contre le *droit*, la possession *apparaîtra comme égale entre les parties*, malgré cette règle certaine au point de vue théorique, que deux personnes ne peuvent pas avoir simultanément la possession juridique d'une même chose. D'autres fois, il pourra arriver, à l'inverse, qu'aucune des parties en cause n'établisse une possession suffisamment caractérisée.

Quel parti le juge de paix devra-t-il prendre, en présence de difficultés de ce genre ? Et d'abord, je suppose qu'*aucune des deux parties ne justifie d'une possession vraiment juridique.*

Une première doctrine, consacrée par la Cour de cassation (*Cass.* 5 *novembre* 1860, — Dalloz, 1860, 1°, 490), décide que le juge du possessoire doit alors, en l'absence de raisons suffisantes pour attribuer la possession à l'une plutôt qu'à l'autre des parties, *les renvoyer purement et simplement à se pourvoir au pétitoire,* en ordonnant, s'il y a lieu, le séquestre de l'immeuble litigieux. On présente habituellement à l'appui de cette théorie les arguments que voici :

1° Le juge de paix, d'après les art. 23 du Code de proc. et 2229 du Code Nap., ne doit admettre l'action possessoire qu'autant qu'il y a possession depuis une année au moins, et une possession revêtue, en outre, des autres qualités exigées par la loi dans les dispositions ci-dessus énoncées; or, l'on suppose que les parties ayant été admises, sur leurs demandes respectives à faire la preuve de leur possession, ni l'une ni l'autre n'en a fourni la démonstration suffisante : donc le juge ne peut pas être forcé d'adjuger la possession ; il doit se borner à renvoyer les parties à se pourvoir au pétitoire.

2° Pour établir la validité du *séquestre*, dans les cas où le juge de paix croit devoir l'ordonner, la Cour de cassation s'appuie sur l'art. 1961 al. 2 du Code N., ainsi conçu : «La jus- « tice *peut* ordonner le séquestre; .... — 2° d'un immeuble « ou d'une chose mobilière dont la propriété ou la *possession* « est litigieuse entre deux ou plusieurs personnes..... » M. Pont, sur l'art. 1961, présente aussi cet argument comme péremptoire; il voit là pour le juge de paix une faculté incontestable. Dans l'ancien droit c'était la *récréance;* comp. M. Crémieux, pag. 489 de son *Traité des actions possessoires.*

Cette doctrine paraît pourtant susceptible d'être à bon droit critiquée : d'abord, *en tant qu'elle permet au juge de paix de renvoyer purement et simplement les parties* à se pourvoir au pétitoire, sans prononcer aucunement sur la possession, elle est en contradiction absolue avec les principes les plus certains de notre droit moderne :

En effet, d'après l'art. 4 du Cod. Nap., le juge n'a jamais le pouvoir de s'abstenir ; il est obligé de prononcer, sous peine de se rendre coupable de déni de justice : « *Le juge* « *qui refusera de juger, sous prétexte du silence, de l'obscurité ou* « *de l'insuffisance de la loi, pourra,* dit cet article, *être pour-*

« suivi comme coupable de déni de justice. » Or, que fait le juge,
dans le système admis par la Cour de cassation ? Il renvoie
les parties se pourvoir au pétitoire : il ne se prononce pas;
il ne décide rien; il dit aux parties : Je ne me trouve pas
suffisamment éclairé ; allez devant le tribunal civil, qui, lui,
compulsera vos titres et adjugera la propriété. N'est-ce pas
là commettre un véritable déni de justice dans le sens de
l'art. 4 du Cod. Nap.?

*Que doit donc faire le juge de paix en présence de l'obscurité
qui plane sur la possession?*

Je crois que *son devoir est de rejeter purement et simplement l'action du demandeur.* Je me rallie de préférence à
cette doctrine qui a pour elle les suffrages de M. Dalloz, v°
Act.poss., p. 699, et de M. Garnier, *Act. poss.*, 1ʳᵉ partie, ch.
1, § 2, art. 3. En effet : 1° c'est une règle générale et absolue, en matière de preuve (art. 1315), que la démonstration
de l'existence d'un fait incombe à celui qui l'avance, que le
fardeau de la preuve est à la charge du demandeur : « *Actori
incumbit onus probandi,* ou encore, *actore non probante reus
absolvitur.* »—Cette maxime de droit commun gouverne aussi
bien les actions possessoires que les actions pétitoires ; le juge
de paix doit donc statuer lui-même et d'une manière directe
sur la possession, en maintenant l'état de choses préexistant,
à raison de l'impossibilité dans laquelle le demandeur s'est
trouvé d'établir l'existence d'un droit *préférable.*

2° Nous ne saurions admettre par conséquent que le juge
de paix ait *le pouvoir d'ordonner le séquestre* de la chose
litigieuse jusqu'après le jugement à intervenir sur *l'action
en revendication.* Sans doute l'art. 1961, n° 2, accorde, de la
manière la plus générale, à la justice, la faculté d'ordonner
le séquestre, lorsque la propriété ou *la possession* soit d'un
immeuble, soit d'un meuble, est litigieuse entre deux ou plusieurs personnes ; et cette faculté appartient au juge de paix
comme à toute autre juridiction ; mais chaque juridiction,
en prononçant le séquestre, doit nécessairement se renfermer
dans les limites de l'instance poursuivie devant elle, puisque
son mandat n'existe qu'autant que les parties l'ont régulièrement saisie et qu'aucun événement n'est venu terminer le
procès : par conséquent, si le juge de paix *peut* ordonner le
séquestre, il doit du moins le renfermer dans la durée de

l'instance possessoire; il n'a pas le droit de faire durer le séquestre au-delà des limites du procès spécial dont il est constitué l'arbitre. — Le juge de paix doit donc toujours statuer sur la possession, en étudiant les témoignages, les titres même au besoin, et en recourant aux présomptions : il peut de plus, jusqu'au moment où il se croira suffisamment éclairé, user de la faculté que lui accorde l'art. 1961 du Cod. Nap., et ordonner le séquestre de la chose litigieuse; mais jamais ce séquestre ne pourra durer au-delà du jugement statuant sur l'instance possessoire.

Ces principes nous paraissent devoir être maintenus dans tous les cas, lors même que le défendeur sur l'action possessoire *aurait formé une demande reconventionnelle en maintenue,* et se serait trouvé, comme son adversaire lui-même, dans l'impossibilité d'établir l'existence d'une possession suffisamment caractérisée (1). *La position du défendeur ne saurait, en aucune façon, être modifiée par sa demande reconventionnelle :* en effet, rien ne l'obligeait à prendre cette attitude, il pouvait se borner à garder la défensive en repoussant les allégations de son adversaire : or, si la demande reconventionnelle en maintenue est *inutile,* elle ne peut avoir aucun effet sur le sort de l'action possessoire principale. Que reste-t-il donc? Deux parties réciproquement demanderesses et qui ne font, ni l'une ni l'autre, la preuve de leur droit. Eh bien! on appliquera le principe *Actore non probante, absolvitur reus,* et le jugement possessoire, en déclarant les deux plaideurs également mal fondés dans leurs prétentions respectives, maintiendra l'état de choses existant avant le procès; et la conséquence nécessaire de cette décision, c'est que l'objet litigieux restera entre les mains du détenteur actuel, jusqu'au moment où les juges de l'action pétitoire auront prononcé sur le fond du droit. Voilà pour le cas où aucune des deux parties ne justifie d'une possession vraiment juridique.

Mais que décider dans l'hypothèse inverse? Que doit faire le juge de paix si, en fait, les preuves de possession juridique lui paraissent *égales* de part et d'autre?

____

(1) *Contrà* Duparc-Poullain, t. X, p. 694; — *Sic* Chauveau sur Carré, *Procédure,* q. 111; Dalloz, v° *Act. poss.* n° 699. Wodon, *Traité de la possession et des actes possessoires,* t. 2, n° 703.

Six systèmes différents se sont produits; et tous, suivant les époques, ont eu le singulier privilége de recevoir l'appui de la Cour de cassation.

Le premier de ces systèmes consiste à résoudre la question à l'aide des principes que nous venons de développer, et en appliquant la maxime : *Actore non probante, reus absolvitur.* (Cass. 9 juillet 1823 et 23 juillet 1834 ; Dalloz, v° *Actions pos- sessoires*, n° 685; Cass. 14 juillet 1856, D. P. 1856, 1,466.)

Le second aboutit à déclarer la possession commune aux deux parties. Comparez Dalloz, v° *Act. poss.*, n°⁵ 684, 690 694 et les arrêts qui y sont cités. *Junge* arr. cass., 6 janv. 1852, (Dall. 52, 1, 18); Chauveau sur Carré, *Procéd.*, q. 111 ; Carou, n°⁵ 654 et suiv.; Bélime, n°⁵ 393 et suiv., 401.

Une troisième doctrine permet au juge de paix de procé- der à l'examen des titres afin d'accorder ensuite le bénéfice de la possession à celle des parties qui lui paraîtra avoir le plus de droits à la propriété. Comp., pour l'exposition et la réfu- tation de ce système, M. Léon Wodau, *Traité de la possession et des actions possessoires*, t. 2, n° 692 ; voyez aussi les n°⁵ 160 et suivants.

Une quatrième théorie consiste à accorder la *recréance*, à l'une des parties en attendant la procédure au pétitoire. Ce système, qui s'appuie surtout sur les usages de l'ancien droit français, a été enseigné, d'après Pothier, par MM. Troplong et Henrion de Pansey. Troplong, *Prescr.*, n° 329 ; Henrion de Pansey, *Compét.*, ch. 48; Pothier, *Poss.*, n° 105 ; arr. cass. 14 nov. 1832 (Dall. 33, 1, 5); cass. 9 déc. 1840 (Dall. 41, 1, 30).

Le cinquième, également inspiré par notre ancienne légis- lation française, mais plus timide dans ses conséquences que le précédent, se borne à permettre au juge de prononcer le séquestre, en mains tierces, du bien litigieux, non-seulement durant la procédure au possessoire, mais encore jusqu'à la solution de la question au pétitoire. Comparez **MM.** Carré, *Procédure*, question 111 ; Jousse, sur l'art. 3, tit. 18 de l'or- donn. 1667; Pothier, *Poss.*, n° 105 ; Henrion de Pansey, *Compét.*, chap. 48; Demiau-Crouzillac, p. 34 et suivantes; arr. cass. 31 juillet 1838 (Dall. 38, 1, 341) ; arr. cass. 11 fév. 1857 (Dalloz, 57, 1, 252).

Enfin, d'après un arrêt plus récent de la Cour de cassation, le juge est autorisé à ne rien statuer sur la possession, et à

renvoyer purement et simplement les parties se pourvoir au
pétitoire. Voyez cass. 5 nov. 1860 (Dall. 60, 1, 491, avec la
note); cass. 5 août 1812, 17 mars 1819 et 28 mars 1822 (Dalloz, v° *Act. poss.*, n°ˢ 694 et suivants). Ce système, qui semble
aujourd'hui, du moins à notre connaissance, avoir fixé la jurisprudence sur la question qui nous occupe, repose surtout
sur des arguments tirés soit de la tradition historique, soit
de la raison et des principes.

Il est certain d'abord que, sous l'empire de notre ancienne
jurisprudence française, le juge qui, saisi d'une action en
complainte, ne se trouvait pas suffisamment éclairé, pouvait
renvoyer immédiatement les parties se pourvoir au pétitoire,
soit purement et simplement, sans aucunes réserves, soit en
ordonnant le séquestre de l'objet litigieux jusqu'à la solution
définitive de la question au pétitoire, soit, enfin, en accordant
pendant le même temps la *récréance*, c'est-à-dire la possession
provisionnelle et provisoire à l'une des parties. Or, dit la
Cour de cassation, il n'y a, ni dans le Code civil, ni dans le
Code de procédure, aucune disposition contraire à cet usage
pratique ; donc il peut être maintenu encore aujourd'hui.

D'autre part, un axiome élémentaire de raison, c'est qu'*à
l'impossible nul n'est tenu;* or, vous supposez précisément que
le juge n'est pas éclairé : donc il ne doit pas être obligé de
statuer, et il est équitable qu'il puisse renvoyer purement et
simplement les plaideurs se pourvoir au pétitoire devant le
tribunal compétent.

Nous éprouvons les doutes les plus sérieux sur la légitimité
de cette doctrine.

D'abord, aux termes de l'art. 4 du Code civil, « Le juge
qui refusera de juger sous prétexte du silence, de l'obscurité
ou de l'insuffisance de la loi, pourra être poursuivi comme
coupable de déni de justice. » De plus, les art. 24 et suivants
du Code de procédure civile décident de la manière la plus
formelle que l'on ne peut jamais plaider au pétitoire, avant
que la question possessoire ait été préalablement résolue ;
l'art. 27 va même plus loin ; il exige que les *condamnations*
elles-mêmes, prononcées au possessoire, aient été pleinement
exécutées : « Le défendeur au possessoire ne pourra se pourvoir au pétitoire qu'après que l'instance sur le possessoire
aura été terminée ; il ne pourra, s'il a succombé, se pourvoir

qu'après qu'il aura pleinement satisfait aux condamnations prononcées contre lui. » En présence de ces différents textes, nous comprenons difficilement comment la Cour suprême, dans les considérants de son arrêt du 5 novembre 1860 (D. P. 1860, 1, 490 à 492), a pu dire que : « Ni le Code Napoléon, ni le Code de procédure civile ne contiennent aucune disposition contraire à la jurisprudence ancienne, » dont l'application est, en conséquence, maintenue.

Voici, quel serait, à notre avis, la marche vraiment légale : le possessoire doit, de toute nécessité, être réglé avant le procès au pétitoire ; car, refuser de trancher la question possessoire, en prétextant l'obscurité qui entoure les faits de possession allégués, ce serait commettre un véritable déni de justice. Le juge de paix devra donc, d'une manière ou d'une autre, statuer *hic et nunc* sur la possession ; il adjugera la possession à Pierre, si la balance penche en faveur de ce plaideur ; il adjugera la possession à Paul, s'il croit que la balance penche plutôt en faveur de Paul.

Mais, dit-on, précisément, le juge de paix n'est pas éclairé ; il ne voit pas de quel côté il doit incliner : Or, *à l'impossible nul n'est tenu*. Il n'est pas équitable de forcer ainsi le juge à statuer à l'aveugle et sans connaissance de cause.

Nous répondrons qu'après tout, l'on ne trouve pas, dans ce monde, deux choses *absolument* pareilles ; il sera donc bien rare que le juge ne trouve pas quelques motifs de se décider d'un côté plutôt que d'un autre ; dût-il se tromper, ce serait là un malheur qui peut arriver à tous les hommes ; encore ici, l'erreur du juge n'est-elle pas irréparable, car la voie de l'appel est ouverte pour faire réformer sa décision, aux termes de l'art. 6 de la loi du 25 mai 1838, sur les justices de paix. N'oublions pas, d'ailleurs, que le juge peut recourir à tous les moyens de preuves, examen des titres (1).

______

(1) Nous croyons, en effet, que le juge de paix, saisi d'une action possessoire, *peut consulter les titres* des parties pour déterminer les caractères de la *possession* invoquée devant lui, pourvu qu'il ne statue que sur la possession, et ne donne aucune décision sur le fond du droit ; ce n'est pas là (cumuler le pétitoire avec le possessoire. Comparez cass. 27 nov. 1865 D. P. 1866, 1, 97 à 103) ; M. Paul Dupont, *Traité théorique et pratique des actions possessoires*, nᵒˢ 286 et suivants.

témoignage humain, présomptions de toutes sortes. Il peut de plus, jusqu'au moment où il se croira suffisamment éclairé, user de la faculté que lui donne l'art. 1961 du Code civil et ordonner, *mais pour la durée seulement de l'instance possessoire* (1), le séquestre de la chose litigieuse. En tout cas, la règle posée par l'art. 4 du Code civil est formelle; toute juridiction, régulièrement saisie, dans les limites de sa compétence, doit nécessairement rendre une décision et trancher, par un jugement, le point litigieux qui lui est soumis.

33.—La troisième condition (2) requise pour que l'accession puisse avoir lieu consiste à exiger que ni l'une ni l'autre des possessions successives ne soit atteinte d'un vice intrinsèque, comme par exemple pourraient être la *précarité*, la *clandestinité*, la *violence*, ou la circonstance que les faits posés rentreraient dans la catégorie des *actes de pure faculté* ou dans celle des *actes de simple tolérance*. Comp. les art. 2229, 2232, 2233, 2236 et suiv. du Code civil; ajoutez les art. 23 à 27 du Cod. de proc. civile. Ces différents vices de la possession constituent des défectuosités tenant, soit à l'absence de l'*animus rem sibi halendi*, soit à la nature des actes matériels, au moyen desquels la possession a été acquise ou continuée.

La *précarité* ou le *precarium* remonte à la plus haute antiquité. Comparez M. Charles Maynz, *Cours de droit romain*, § 329, pages 319 à à 322. Les termes *precario possidere* dési-

____

(1) Le séquestre, ordonné par le juge de paix, par application de l'art. 1961 du Code civil, ressemble beaucoup à la *récréance* de notre ancienne jurisprudence française. Toutefois, le séquestre est beaucoup plus restreint : car la chose est déposée, non pas entre les mains de l'une des parties, mais, comme le dit l'art. 1956, entre les mains d'un tiers qui s'oblige à la rendre, après la contestation terminée, à la personne qui sera jugée devoir l'obtenir. D'autre part, le séquestre ne peut pas se prolonger, en vertu de la décision du juge de paix, au-delà de l'*instance possessoire*. Quant à la récréance proprement dite, elle nous paraît avoir été abrogée par l'art. 1041 du Code de procédure civile, qui a fait table rase de toutes les lois et coutumes antérieures, et nous ne voyons, dans nos lois actuelles, aucune disposition qui autorise désormais le juge de paix à ordonner une semblable mesure. Comp. M. Crémieux, *Actions possessoires*, page 489, n°° 454 et suivants.

(2) Voyez *supra*, n° 30 *in fine*.

gnaient, en droit romain, le caractère particulier de la possession de celui auquel le propriétaire ou le possesseur d'une chose l'avait livrée avec permission d'en user, mais sous la réserve de pouvoir en réclamer la restitution à volonté. Le précaire, considéré dans son *Origine historique*, était donc alors une convention présentant quelque analogie avec le commodat, et par laquelle on laissait sa chose en la possession d'une personne qui l'avait demandée *avec prière* et qui s'était obligée à la restituer lors de la première manifestation de volonté émanant du propriétaire. Comparez, au surplus, MM. Aubry et Rau, *Cours de droit civil français*, quatrième édition (1869), t. **2**, § 180, pages 90, 91 et 95; voyez aussi, M. Bourbeau, *De la justice de paix*, nᵒˢ 303 à 306.

Quelles sont, d'après le Code civil, les *conditions constitutives de la précarité?* — Aujourd'hui, cette expression, — *précaire*, — a une signification différente et plus étendue que dans le droit romain, auquel elle a été empruntée.

MM. Aubry et Rau (tom. 2, page 92) disent avec raison : « Les simples détenteurs, dans le sens du droit romain, ou les possesseurs précaires, selon la terminologie du droit français, sont ceux qui, détenant une chose en vertu d'une convention ou d'une qualité d'après laquelle ils sont obligés de la restituer, à l'expiration du terme fixé par la convention ou lors de la cessation de leur qualité, la possèdent pour le compte d'autrui. Tels sont, l'usufruitier, le fermier, le séquestre, le créancier sur antichrèse, le mari quant aux biens de la femme, dont il a l'administration et la jouissance, et le tuteur quant aux biens du pupille. »

La réunion de quatre conditions nous paraît à la fois nécessaire et suffisante pour constituer la détention précaire. Il faut : 1ᵒ la détention physique et matérielle, le *corpus;* 2ᵒ un titre légal en vertu duquel elle existe, en un mot, un fait juridique qui lui serve de fondement; 3ᵒ que ce titre ou ce fait emporte nécessairement la reconnaissance du droit d'autrui; 4ᵒ qu'il explique la continuation de la détention. Il est facile de reconnaître que tous ces caractères se rencontrent chez les personnes énumérées dans l'art. 2236.

On peut, d'ailleurs, ranger les détenteurs précaires sous deux catégories distinctes : il y a d'abord ceux qui ne sont investis de la détention que pour le compte et dans l'intérêt exclusif d'autrui ; leur précarité est absolue et entière : nous citerons, à titre d'exemples, les fermiers, les locataires, les mandataires, les envoyés en possession des biens d'un absent, le mari administrateur des biens de sa femme. Toutes ces personnes détiennent le bien *tanquam rem alienam*, dans toute l'étendue du mot. — La seconde catégorie se compose de ceux qui sont en rapport avec la chose, à la fois pour leur propre compte et dans l'intérêt d'autrui ; leur possession renferme, à certains points de vue, l'*animus domini*, et elle est réalisée, à tous les autres égards, *alieno nomine*. Tels sont ceux qui ont sur la chose des droits, par exemple, d'usufruit, d'usage, d'habitation ou même de gage ; sans doute, l'usufruitier et l'usager reconnaissent le droit du nu-propriétaire ; mais ils entendent posséder, pour leur compte exclusif, le droit d'usufruit ou le droit d'usage ; dès lors, ils ne peuvent jamais être admis à prescrire la nue-propriété, puisqu'ils sont, quant à elle, constitués détenteurs précaires ; mais ils pourront parfaitement acquérir, par prescription, les droits d'usufruit ou d'usage, puisque, quant à ces prérogatives juridiques, ils sont des possesseurs *animo domini* : nous déciderons donc que ceux qui ont acheté *à non domino* un droit d'usufruit ou un droit d'usage peuvent en devenir titulaires définitifs par voie de prescription, si d'ailleurs les conditions de temps et les autres conditions exigées par la loi se trouvent réunies. Comparez les art. 579, 625, 2262 et 2265 du Code civil.

Quels sont les *effets du vice de précarité*, soit vis à vis du détenteur précaire lui-même, soit vis à vis de ses ayant-cause ou successeurs, soit à titre universel, soit à titre particulier ? — Il est évident que le vice dont se trouve entachée la détention de ceux qui possèdent pour autrui, doit être absolu et perpétuel, du moins en ce sens qu'aucun laps de temps ne saurait suffire, à lui seul, à le faire disparaître (art. 2231 et 2236). Il faut, du reste, apporter une grande attention au point de vue sous lequel on entend se placer dans l'appréciation des effets du vice de précarité : car, comme le fait très-bien remarquer M. Bourbeau, au n° 302, de son *Traité de la justice de paix* (voyez aussi page 531, note 1re), la possession précaire peut aussi être considérée comme entachée d'un vice relatif, en ce sens qu'elle est, en même temps, inutile pour le détenteur précaire et efficace, au contraire, pour le compte de celui au nom et pour le compte duquel la chose est possédée. De ces principes découlent, au point de vue de la jonction des possessions, des conséquences importantes que nous avons déjà indiquées aux n° 19 et 22 *supra*, en établissant l'importance capitale, sous ce rapport, de la distinction entre les successeurs universels et les successeurs à titre particulier du détenteur précaire.

Comment peut cesser et s'effacer *le vice de précarité?* — Les simples détenteurs sont légalement réputés n'avoir pas l'*animus rem sibi habendi*. Aussi tout le monde admet qu'un simple changement d'intention de leur part serait impuissant à faire commencer une possession utile à leur profit, en modifiant le caractère de la possession qu'ils avaient dans le principe appréhendée pour le compte d'autrui : *Nemo potest sibi mutare causam possessionis* (art. 2240, 2231 et 2237). Néanmoins la possession du propriétaire peut prendre fin à raison d'une interversion juridique, réalisée dans les termes des art. 2236 et suivants; alors, la précarité disparaît, et une détention utile, soit au point de vue des actions possessoires, soit au point de vue de la prescription, peut commencer pour l'ancien précariste. Nous laisserons de côté, comme ne se rapportant pas directement à notre étude actuelle, la matière importante des interversions de possession : qu'il nous suffise de rappeler que, lorsque la chose est entre les mains d'un détenteur précaire, il faut soigneusement distinguer trois hypothèses : 1° celle où le détenteur précaire essaie de conquérir lui-même la possession civile et juridique (article 2238); 2° celle où le détenteur précaire transmet la chose à un tiers, à titre particulier et par un contrat translatif de propriété (art. 2239); et 3° celle enfin où un tiers enlève la possession au détenteur précaire par des actes personnels de maîtrise. Voyez, sur ce point, les développements complets donnés par M. Belime dans son *Traité du droit de possession et des actions possessoires*, n° 107 à 153, pages 91 et suivantes. Voyez aussi les art. 2219, 2228, 2229, 2262 et 2265.

Nous passons donc immédiatement à l'examen du caractère et des conséquences attachées au vice de *clandestinité* (art. 2229). La possession est *clandestine* ou, en d'autres termes, non publique, lorsque les actes par lesquels elle a été prise et continuée n'étaient pas de nature à être connus du public et particulièrement de ceux contre lesquels on veut s'en prévaloir. Il y a donc possession publique, non-seulement quand elle a été, en fait, connue de l'adversaire, mais encore quand, en droit, elle a dû l'être, eu égard à la nature des actes posés. Il y a publicité, disait déjà l'art. 170 de la coutume de Melun, « *quand aucun a joui au vu et au sçu de tous ceux qui l'ont voulu voir et sçavoir.* » Comparez, pour les applications pratiques, M. Leroux de Bretagne, nouveau *Traité de la prescription* en matière civile, t. 1er, nos 298 à 303; voyez aussi M. Bourbeau, *Traité de la justice de paix*, nos 318 à 321.

Le vice de violence peut aussi former un obstacle insurmontable à l'application de l'art. 2235 et par suite à l'admissibilité de la jonction des possessions. La possession est *entachée de violence*, ou elle n'est *pas paisible*, disent MM. Aubry et Rau (*Cours de droit civil français*, tome 2, page 97, § 180, no 3), « lorsqu'elle a été acquise et gardée au moyen de voies de fait accompagnées de violences matérielles ou morales. » Les juges ont nécessairement, sur ce point, un pouvoir absolu d'appréciation.

Il convient toutefois, au point de vue doctrinal, d'observer que pour être paisible, dans le sens de l'art. 2229, la possession ne doit pas seulement être exempte de violence à son point de départ : il faut encore qu'elle ne soit pas anéantie, dans son cours, par des prétentions rivales aboutissant à la réalisation de faits qui la paralysent et la troublent (Riom, 23 décembre 1854, D. P., 1855, 2, 134) : seulement ici, il y aura presque toujours, en même temps, interruption de la possession. L'article 113 de la coutume de Paris était même arrivé à confondre, à cause de cela, la possession non paisible avec la possession interrompue : ce texte exigeait, en effet, que la possession eût été exercée franchement et « *sans inquiestation.* » On peut toutefois signaler au moins une nuance entre les deux cas : le juge, placé en face d'une possession non paisible ou *inquiétée*, jouit nécessairement d'une grande latitude d'appréciation; car il y a bien des degrés dans le *trouble*, et la possession peut en être, suivant les cas, plus ou moins affectée. Au contraire, le juge, placé en face d'une cause d'interruption, verra presque toujours, surtout s'il s'agit d'une interruption civile, sa décision dictée à l'avance, à la fois par les textes (art. 2242 et suivants) et par la précision des faits matériels allégués.

La violence, du reste, ne constitue, comme la clandestinité, qu'un vice purement relatif, susceptible d'être invoqué seulement par celui à l'égard duquel les voies de fait ont été commises. Comparez M. Le Roux de Bretagne. (T. 1er, nos 293 à 297.)

Lors même que les possessions successives auraient été également continues, non interrompues, paisibles, publiques, non équivoques et à titre de propriétaire (art. 2229), la prescription ne pourrait pas s'accomplir, dans le cas où les actes, par lesquels la détention s'est traduite, seraient des délits entraînant une peine corporelle ou une amende. M. Bélime (*Traité des actions possessoires,* nos 73 et suivants, page 85) fait observer avec raison que les actions possessoires devraient être, dans ce cas, également refusées. Nul ne peut, en effet, invoquer ses fautes et ses violations de la loi comme un titre d'acquisition; supposons, par exemple, que le propriétaire d'une usine ait établi, sans avoir obtenu préalablement les autorisations administratives nécessaires, un barrage sur un cours d'eau pour en élever le niveau et faciliter le roulement de son usine; jamais il ne pourra opposer la prescription, ni recourir aux actions possessoires à l'encontre des tiers auxquels l'élévation excessive des eaux causerait un préjudice: car l'art. 16 de la loi du 28 septembre 1791 édicte une amende contre un semblable fait; cette amende doit être égale aux dommages-intérêts accordés au propriétaire à qui les travaux auraient nui.

Ici, la possession est à tout jamais viciée; car la loi est violée à chaque instant et la continuation de la possession, en se prolongeant au profit du propriétaire de l'usine, constitue un délit nouveau à chaque moment de la durée et à chaque minute du temps qui s'écoule. Comparez M. Bourbeau, *De la justice de paix,* nos 311 et 312, page 543.

Nous devons toutefois faire observer qu'il n'en est pas de même quand la possession a commencé par des actes de violence, bien que, là aussi, il y ait eu, la plupart du temps, un véritable délit; l'art. 2233, alinéa 2, déclare formellement que la possession peut commencer à être utile lorsque la violence a cessé; c'est qu'en effet alors le point initial de la possession est seul vicieux; il faut donc le retrancher; mais, quant aux autres faits de jouissance paisible qui ont suivi, ils peuvent fonder une possession valable, précisément parce qu'ils n'ont plus rien de délictueux. Comparez les art. 79, 192, 193 et suiv. du Code forestier; ajoutez Cass., 31 mars 1857, D. P. 1857, 1, 155.

Il nous reste maintenant à expliquer brièvement (1) quel peut être le sens et quelle est la portée pratique de l'art. 2232, aux termes duquel « les actes de *pure faculté* et ceux de *simple tolérance* ne peuvent fonder ni possession ni prescription. »

Il importe, avant tout, de faire une première observation générale : si les actes de pure faculté et ceux de simple tolérance ou de familiarité ne peuvent engendrer aucune prescription, c'est surtout parce qu'ils excluent l'esprit de maîtrise; or, il faut, pour prescrire, avoir, outre le pouvoir physique sur la chose, la pensée d'être propriétaire ou l'intention de le devenir. A ce point de vue, la possession qui s'exerce à titre de tolérance et celle qui consiste dans des actes de pure faculté, se rapprochent singulièrement de la possession *précaire*. Toutefois, l'on peut signaler deux différences importantes entre ces deux vices de la possession :

A. — La précarité (2) résulte toujours (art. 2236) de la na-

---

(1) Comparez, sur cette partie du sujet, M. Troplong, *Traité de la prescription*, t. Ier, n°s 112 à 141, et n°s 380 à 409; — M. Bourbeau, *De la justice de paix*, n°s 308, 309 et 342; — M. Le Roux de Bretagne, *Nouveau traité de la prescription* en matière civile, t. Ier, n° 308 et t. II, n°s 1039 et suivants; Dalloz, Tables alphabétiques de 1845 à 1867, v° *Actions possessoires*, n°s 60 et suivants: M. Belime, *Traité des actions possessoires*, n°s 65 à 72

(2) La précarité, dit très-bien M. Bourbeau, « ne se présume pas et il faut interroger les titres pour la reconnaître. C'est le contraire pour la tolérance; elle se présume, et la présomption ne disparaît que devant un titre. Cette différence s'explique. Le détenteur précaire possède pour le maître, mais possède comme lui; les faits extérieurs ont donc une apparence favorable à l'idée d'appropriation au profit de celui qui possède. La tolérance se montre dans les faits; il faut leur enlever ce caractère en justifiant que c'est en vertu d'un droit qu'ils s'exercent. Le juge de paix pourrait, dans ce cas, sans empiéter sur le pétitoire, apprécier les titres produits, pour constater l'efficacité de la possession alléguée. » (M. Bourbeau, *Théorie de la procédure civile*, t. VII, *De la justice de paix*, pag. 540, n° 308 *in fine*).

ture du titre qui a présidé aux débuts de la possession et qui
contient une reconnaissance plus ou moins complète du droit
d'autrui. Le caractère facultatif ou de simple tolérance de la
possession s'induit, en général, de la forme des actes posés
et des circonstances de chaque espèce.

B. — Le détenteur précaire ne peut pas, sans doute, posséder utilement pour lui; mais du moins sa possession peut
profiter à autrui et le bénéfice en est recueilli par celui dont
le titre originaire proclame le droit légitïme. Au contraire, les
actes de pure faculté et ceux de simple tolérance ou de bon
voisinage, sont par eux-mêmes absolument réfractaires à
toute espèce de prescription au profit de qui que ce soit; ils
ne constituent jamais, ni pour autrui, ni pour celui qui les
pose, une possession efficace, soit à l'effet d'acquérir par le
laps de temps, soit même à l'effet d'obtenir la saisine possessoire et les actions qui en découlent.

Ces notions générales deviendront, du reste, plus claires
quand nous aurons précisé : 1° ce qu'il faut entendre par des
actes de pure faculté et quelles sont les différentes espèces
d'actes rentrant dans cette catégorie; 2° en quoi consistent
les actes de simple tolérance ou de familiarité.

I. — Que faut-il entendre par des *actes de pure faculté* et
quels sont les différents faits juridiques qui peuvent être
compris sous cette classification? — Les actes de pure faculté
sont ceux dont la réalisation rentre dans le domaine souve-
rain de la liberté humaine, en telle sorte qu'ils peuvent être
d'une manière indifférente mis en mouvement ou omis, exercés par plusieurs personnes ou par une seule. En usant d'une
faculté, on ne se crée pas de droits au préjudice d'autrui; en
négligeant d'utiliser une *faculté*, on n'est point exposé à la
perdre par la prescription extinctive, conséquence habituelle
cependant du non-usage (art. 2226 et 2232 combinés).

Les actes de pure faculté peuvent, à notre avis, dériver de
trois sources : 1° ils peuvent avoir leur origine dans la nature
même des choses; 2° ils peuvent dériver de la loi; 3° ils peuvent avoir pour cause un droit appartenant à tous les membres d'une certaine communauté d'habitants.

D'abord, dans l'ordre civil, l'homme a reçu *de la nature* des
aptitudes qui sont pour lui autant de moyens pour parvenir à
sa fin, comme homme, comme citoyen et comme proprié-

taire. Ainsi, pouvoir se marier, pouvoir passer les contrats usuels de la vie civile, pouvoir puiser de l'eau à une fontaine publique, pouvoir, à son gré, transporter son domicile d'un lieu à un autre, voilà autant de facultés imprescriptibles que chaque individu peut mettre en action toutes les fois qu'il le veut, mais qu'il peut aussi négliger d'exercer sans aucun préjudice pour ses intérêts. De même encore, tout propriétaire peut, suivant les caprices de sa volonté, construire sur son terrain ou s'abstenir au contraire d'élever aucune construction ; et, en ne construisant pas, il use avec indépendance de son libre arbitre, sans que jamais ses voisins puissent ultérieurement invoquer contre lui son abstention, quelque longue qu'elle ait pu être, comme une cause de déchéance. En présence de l'énergie de ces prérogatives *naturelles*, il n'est peut-être pas hors de propos de citer une parole célèbre prononcée au sujet de l'exercice de l'un de ces droits dont la réunion constitue la liberté morale de l'homme : « C'est plus qu'un droit, c'est une faculté. »

Quelquefois aussi c'est *la loi elle-même* qui, dans l'intérêt du développement général de la société et pour assurer l'expansion la plus complète de l'initiative individuelle, reconnaît et proclame l'existence de certaines facultés impérissables et éternelles, contre lesquelles la prescription, sous ses deux faces, ne peut rien, ni au point de vue de l'extinction, ni au point de vue de l'acquisition des droits à l'encontre d'autrui. C'est ainsi, par exemple, que l'art. 646 du Code civil autorise tout propriétaire à contraindre son voisin au bornage de leurs propriétés contiguës. De même l'art. 647 maintient le droit pour chacun de se clore ; de même encore l'art. 644 permet à celui dont la propriété borde une eau courante de s'en servir pour l'irrigation de sa propriété, et à celui dont cette eau traverse l'héritage d'en user dans son parcours, à la charge de la rendre ensuite à son cours ordinaire. Nous pouvons encore citer l'art. 641, d'après lequel celui qui a une source dans son fonds peut en user à sa volonté ; — l'art. 661, d'après lequel chacun peut acheter la mitoyenneté du mur qui le sépare de son voisin ; — l'art. 815, qui proclame le droit pour tout propriétaire indivis de sortir de l'indivision, — et tant d'autres textes qui se rencontrent à chaque pas dans nos codes, comme la consécration de prérogatives indélébiles que

la main du temps ne saurait effacer. La raison d'ailleurs de
cette puissance singulière attachée aux facultés basées sur la
loi est facile à saisir ; la loi, qui est le titre présidant aux
origines de ces droits supérieurs, ne se périme pas ; les générations passent et se poussent les unes les autres dans une
succession incessante d'individualités différentes ; mais la loi,
expression des rapports nécessaires entre les hommes réunis
par l'état de société, reste toujours la même, tant qu'elle n'a
pas été régulièrement abrogée ; elle sera demain, dans dix
ans, dans mille ans, ce qu'elle était hier : le titre légal doué
en quelque sorte d'une impérissable jeunesse, se renouvelle
chaque jour et les conséquences juridiques qui en découlent
sont toujours affirmées avec la même énergie. Dès lors, il ne
peut y avoir place pour aucune prescription extinctive en
face d'un droit qui renaît à chaque instant, ni pour une
prescription acquisitive au profit d'un seul, en présence d'un
droit qui, par son essence, est le patrimoine commun de l'humanité tout entière.

Enfin, d'autres fois, les *facultés* procèdent d'un droit qui
appartient à perpétuité à tous les membres d'une certaine
communauté d'habitants ; par exemple, user, comme membre
d'une commune, de la faculté laissée par l'administration
municipale d'extraire du lit d'un torrent communal les pierres
et le sable que les eaux y déposent, profiter des pacages com-
munaux, ou des droits d'usage de toutes sortes (1), pouvant
exister en faveur de l'agrégation humaine à laquelle les circonstances vous rattachent, ce n'est point élever une prétention à la propriété exclusive de ces choses ; c'est mettre en
mouvement une aptitude générale et commune à tous les
habitants au milieu desquels on vit ; cette mise en action
n'ajoute rien à l'ampleur de la prérogative (art. 2232), pas
plus qu'une abstention plus ou moins prolongée n'aurait
le pouvoir d'engendrer un amoindrissement quelconque
(art. 2226).

A l'inverse, supposons une faculté établie par une convention ou par tout autre titre émané de l'initiative individuelle,
par exemple par un testament : cette faculté se perdra par le

---

(1) Comparez Nîmes, 27 juillet 1857 (Dev. 1857, 1, 686) ; M. Belime,
Traité des actions possessoires, nᵒˢ 68 et 69.

non-usage trentenaire, en vertu de l'art. 2262 ; c'est qu'en effet, comme le fait remarquer fort judicieusement M. Serrigny (*Revue critique*, tome XXVIII, page 425) : « La convention ou le testament est un acte spécial, individuel, qui ne se renouvelle pas. La faculté qui en résulte est comme l'homme dont elle émane, elle naît, vit et meurt de même ; sa naissance est un fait unique qui ne se reproduit pas chaque jour et sans cesse, à la différence des droits de faculté engendrés par la loi, qui participent en quelque sorte de son immortalité. »

II. — *En quoi consistent les actes dits de simple tolérance* (art. 2232) ? Les actes de tolérance nous paraissent être ceux qui supposent, entre celui qui les exerce et celui qui les souffre, un certain rapport, purement de fait, fondé sur les relations de *familiarité* et de bon voisinage. Ces actes n'ont lieu que par suite du bon vouloir ou de la complaisance de celui à l'encontre duquel ils sont posés, et qui reste toujours maître de les faire cesser quand il lui plaît. L'art. 2232 refuse de reconnaître à ces sortes de faits le caractère et les conséquences d'une possession vraiment juridique et à titre de propriétaire, et cette solution est en effet conforme aux principes et à l'intérêt général ; d'abord aux principes ; car toute prescription repose sur un abandon du droit d'un côté, correspondant à une volonté d'acquérir réalisée en fait d'un autre côté. Or, il n'est entré dans l'esprit de personne, en présence d'une jouissance de simple tolérance, de laisser acquérir ou de fonder des droits nouveaux en contradiction avec l'état de choses préexistant. L'intérêt général de la société, aussi bien que l'intérêt privé, imposaient d'ailleurs cette solution légale ; autrement, si l'on ne pouvait, entre voisins, user de bons procédés sans compromettre ses droits les mieux assis, chacun serait perpétuellement armé en guerre et toutes les relations de la vie ordinaire seraient singulièrement altérées. M. Bourbeau (*De la justice de paix*, n° 308) dit avec raison : « Les actes de tolérance ne peuvent point fonder de possession, parce que ces actes, considérés en eux-mêmes, ne pénètrent pas assez avant dans la propriété d'autrui pour y prendre racine et développer un droit. La timidité de ces actes suppose la reconnaissance du droit qu'ils s'appliquent à ne frapper d'aucune atteinte sérieuse, et, d'un autre côté, la facilité du propriétaire à les souffrir s'explique, non par une soumission forcée résultant d'un lien de droit, mais par un sentiment de bienveillance qui le porte naturellement à permettre une participation aux avantages que la chose peut procurer, lorsqu'il n'en résulte pour lui ni une diminution sensible de jouissance, ni un préjudice appréciable. »

D'après ce que nous venons de dire, il est facile de voir que les actes de simple tolérance diffèrent surtout des actes de pure faculté en ce qu'ils s'exercent en vertu d'une permission tacite qui peut toujours être retirée par celui qui l'a donnée, tandis que les actes de pure faculté s'exercent en vertu d'un droit primordial, commun à tous les hommes, et ne supposent aucun rapport juridique avec les tiers, ni aucune entrave possible. C'est donc surtout sous le rapport du principe qui les empêche de pouvoir, à leur point de départ, constituer une possession utile, que les actes de pure faculté et ceux de simple tolérance diffèrent essentiellement.

D'autre part, la tolérance diffère de la précarité en ce que celle-ci prend sa source dans un contrat explicite, la plupart du temps à titre onéreux, tandis que celle-là découle d'un consentement purement tacite, et de rapports d'amitié ou au moins de bienveillance. Comparez M. Troplong, *Traité de la Prescription*, n°° 382 et 383.

Il est quelquefois fort délicat, dans la pratique, de reconnaître si c'est en vertu d'un droit formel ou à raison de la simple tolérance d'autrui qu'ont pu être réalisés les actes dont il s'agit d'apprécier le véritable caractère. La question présente surtout de l'intérêt en ce qui concerne les servitudes (comparez M. Le Roux de Bretagne, *Nouveau traité de la Prescription en matière civile*, n°s 1039 et suivants), et en ce qui touche l'usage des eaux (voyez M. Bourbeau, *De la justice de paix*, n°° 340, 341 et suivants). Nous n'entrerons pas dans le détail des hésitations de la jurisprudence en présence des nombreuses difficultés sur lesquelles elle a été appelée à statuer. L'on peut consulter sur ce point la *Table alphabétique* de 1845 à 1867, éditée par M. Dalloz, v° *Actions possessoires*, n°° 60 à 67. Nous nous bornerons à faire remarquer au point de vue doctrinal, qu'en règle générale la tolérance ne se suppose pas; le droit de propriété, en effet, est le plus jaloux et le plus exclusif de tous; dès lors la présomption doit toujours être en faveur du droit plutôt qu'en faveur de la *familiarité*, à moins qu'il ne s'agisse de ces prérogatives de peu d'importance que les hommes ont l'habitude de se concéder mutuellement, parce que, avantageuses à ceux qui en usent, elles ne causent aucun préjudice à celui qui les concède par pure bienveillance : « *Quidni enim*, dit Dunod (*Traité des prescriptions*, page 811), *alteri communicentur, quæ sunt accipienti utilia, danti non molesta ?* C'est un reste de l'ancienne communion des biens, qui est fondée d'ailleurs sur l'humanité et l'avantage de la société des hommes. » Les applications du principe consacré par l'art. 2232 sont, du reste, fort nombreuses ; elles se rencontrent notamment dans ces relations de chaque jour qui existent entre propriétaires voisins, dont l'un laisse l'autre passer sur son fonds, puiser de l'eau à sa source, y abreuver des bestiaux, chasser sur ses terres, ramasser du bois ou des feuilles mortes, etc.; c'est encore le caractère d'intolérance qui explique l'imprescriptibilité (1) des servitudes discontinues, proclamée par l'art. 691 du Code civil. M. Le Roux de Bretagne (tome Ier, no 311) cite encore, à titre d'exemples, l'usage même immémorial où serait une commune de tenir une foire dans le champ d'un particulier après la levée des récoltes (Riom, 3 décembre 1844, Dev. 1846, 2, 23); ou encore l'habitude d'une commune de tenir ses foires et assemblées sur un terrain acquis et possédé par un tiers (Grenoble, 26 août 1846, Dev. 1847, 2 247), et enfin le simple fait, par l'un des copropriétaires d'une cour indivise, d'y avoir conservé pendant plus de trente ans un dépôt permanent de fumier (Caen, 24 novembre 1856, Dev. 1857, 2,304). Voyez aussi M. Bélime, *Traité des actions possessoires*, n°° 71 et 72. Les tribunaux jouissent, du reste, nécessairement sur tous ces points, d'un pouvoir discrétionnaire absolu.

34. — Nous allons passer maintenant à l'exposition des conditions relatives à la personne des détenteurs successifs entre lesquels il peut être question d'appliquer l'art. 2235. Pour que la jonction des possessions puisse s'opérer utilement, il faut qu'il existe, entre les deux possessions contiguës et homogènes, un lien de droit qui les unisse ; en d'autres termes, il faut que l'on puisse trouver, entre l'ancien et le

____

(1) Comparez M. Demolombe, *Traité des servitudes*, t. 2, n°° 785 et 786.

nouveau possesseur, une relation juridique irrécusable d'auteur à ayant-cause. Ainsi, il n'est pas douteux que je ne pourrais pas joindre à ma possession celle d'un précédent détenteur qui aurait été, par moi, *violemment expulsé :* la violence est un délit, ce n'est point un titre légal. Il n'y aurait pas davantage d'accession dans le cas où, le précédent détenteur ayant abandonné l'immeuble, un tiers viendrait à s'en emparer; ici en effet, la succession des personnes est purement fortuite.

35. — Recherchons donc dans quels cas la relation vraiment juridique, d'auteur à ayant-cause, pourra se produire, et plus spécialement, quel est le sens du mot « *auteur* » dans l'art. 2235. — Ce point est assez délicat. Pothier a donné de l'auteur la définition suivante : « *Auctor dicitur, is a quo rem acceperis, vel ex ultima illius voluntate, vel ex aliquo negotio quod cum illo habueris.* » (Pand., t. 3, *De verb. signif.*, v° *Auctor*, et p. 142, n° 144). En d'autres termes, l'auteur est celui de qui on tient la chose, celui qui nous l'a transmise. Ainsi, le *de cujus* est auteur par rapport à son héritier, le testateur par rapport au légataire, le vendeur par rapport à l'acheteur, le donateur par rapport à son donataire. Dans ces différents cas, la définition de Pothier est exacte, puisqu'il y a réellement transmission par une personne à une autre.

Mais il y a des hypothèses assez nombreuses, dans lesquelles la relation d'auteur à ayant-cause, pour être peu caractérisée en apparence, n'en existe pas moins dans la réalité des choses ; et alors, la définition de Pothier se trouve en défaut, parce qu'elle est trop restrictive. Ainsi, par exemple, je suppose que vous subissiez une expropriation forcée pour cause d'utilité publique s'appliquant à un bien que vous possédiez; il est certain que vous êtes un *auteur* dans le sens de l'art. 2235; par suite, l'Etat ou la compagnie, adjudicataires sur expropriation forcée, auront le droit, vis à vis des tiers, d'invoquer votre possession, qu'ils pourront joindre à celle qui leur sera propre; et pourtant l'on ne peut pas dire, dans cette espèce, que l'adjudicataire tienne la chose *directement de vous.* Ce n'est pas vous qui la lui avez transmise, ni par acte de dernière volonté, ni par un contrat entre-vifs, puisque c'est malgré vous, au contraire, que s'est effectuée l'expropriation, par suite de laquelle le bien est sorti de vos mains.

Il faut donc, de toute nécessité, élargir la définition de Pothier, laquelle n'est pas assez compréhensive. Nous dirons, dès lors, qu'il faut considérer comme auteur, dans le sens de l'art. 2235 et en présence de la généralité des termes de ce texte, « *toute personne à laquelle le possesseur actuel aura légalement et régulièrement succédé dans la possession.* » En un mot, nous admettrons l'accession, toutes les fois que nous rencontrerons, entre deux possessions successives, un lien juridique et nécessaire. Peu importe, d'ailleurs, que ce lien ait pu se former par suite d'une convention privée de l'homme ou qu'il ait pris son origine dans un acte de dernière volonté ou dans une disposition soit explicite, soit même implicite de la loi.

36. — A la lumière de ces principes, il va nous être plus facile de résoudre les principales difficultés doctrinales et pratiques qui ont été soulevées à propos de l'art. 2235 et dont nous avons réservé l'examen pour une section spéciale (voyez *supra,* n° 1).

SECTION TROISIÈME.

Examen des principales difficultés doctrinales et pratiques soulevées à propos de l'art. 2235.

SOMMAIRE.

37. Le vendeur qui rentre, par l'effet d'une condition résolutoire, dans la possession du bien qu'il avait d'abord transmis, peut-il, pour en prescrire la propriété, s'aider de la possession intermédiaire de l'acquéreur? — 38. Celui qui se rend adjudicataire sur une expropriation poursuivie à la requête des créanciers non payés, sur les biens de leur débiteur récalcitrant, peut-il joindre la possession du débiteur saisi à la sienne propre, par application de l'art. 2235? — 39. Que décider si un tiers s'emparait d'un immeuble abandonné par le précédent détenteur? — 40. *Quid* au cas où un donateur exercerait l'action en révocation d'une libéralité, par application des art. 953 et suivants? — 41. Peut-on, pour arriver à la prescription, joindre à sa possession propre celle qui l'a suivie? — 42. De l'accession qui s'opère *de re ad rem?* — 43. L'usufruitier peut-il, pour se faire maintenir dans son droit d'usufruit, invoquer la possession du propriétaire auquel il succède quant au droit de jouissance, démembrement de la pleine propriété? — 44. Que faut-il décider réciproquement, lorsque c'est l'usufruit qui, conformément à l'art. 617, vient se réunir à la nue-

propriété par la mort de l'usufruitier ? — 45. Combinaison de l'art. 2235 avec la règle posée par l'art. 883, qui proclame le caractère déclaratif du partage. — 46. La transaction constitue un lien juridique suffisant pour permettre la jonction des possessions. — 47. L'héritier *réel* peut-il profiter de la possession acquise à l'héritier *putatif* ou *apparent* qu'il évince? — 48. Un jugement peut-il former, aussi bien qu'un acquiescement, un lien juridique suffisant à engendrer la jonction des possessions? Controverse; exposition et développements. — 49. Suite. — 50. Suite. — 51. Suite. — 52. Il ne peut pas être question d'appliquer l'accession des possessions en matière de meubles.

37. — Tout le monde sait qu'une vente, ou toute autre aliénation, peut se trouver anéantie *ex post facto*, pour différentes causes : — rescision pour lésion de plus des sept douzièmes (art. 1674), — événement d'une condition, — exercice d'un réméré (art. 1659), — mise en mouvement de l'action rédhibitoire (art. 1644), — résolution pour défaut d'exécution, par l'une des parties, des clauses insérées au contrat primitif (art. 1184 et 1654). Dans ces différents cas, la condition résolutoire opérant rétroactivement aux termes de l'article 1179, l'aliénation primordiale est désormais considérée *en droit*, comme n'ayant jamais eu d'existence légale. Cette situation a précisément donné lieu à la question suivante : l'ancien aliénateur, qui rentre ainsi dans la possession du bien dont il s'était dessaisi, peut-il, pour en prescrire la propriété, s'aider de la possession intermédiaire de l'acquéreur? (Comp., art. 2235 ; 1. 13, § 2, ff. *De acquir. et amitt. poss.*; 1.19, ff. *De usucapionibus*; 1. 6, § 1, ff. *De div. temp. præscript.*). Nous raisonnerons sur l'hypothèse suivante : je suis en possession, depuis 28 ans, de l'immeuble A ; je vous le vends, le 1er janvier 1867, avec pacte de réméré (art. 1659), en stipulant que je pourrai reprendre l'immeuble au 1er janvier 1868, par exemple, en vous payant cinquante mille francs. Le 1er janvier 1868, j'exerce effectivement le réméré et je rentre dans la possession de l'immeuble A. L'année suivante, le 10 janvier 1869, un tiers dirige contre moi une action en revendication : je lui oppose alors la prescription, en me fondant sur le raisonnement suivant : Au 1er janvier 1867, je possédais déjà l'immeuble A depuis 28 ans. J'ai vendu ce bien le 1er janvier 1868 et j'ai exercé le réméré contre mon acheteur, le 1er janvier 1869 : j'ai donc 28 ans de possession par moi-

même, plus un an de possession de mon acheteur que je prétends pouvoir invoquer à mon profit par application de l'art. 2235, plus enfin un an de possession personnelle depuis l'exercice du réméré : total, 30 ans. Dès lors, j'ai prescrit la propriété de l'immeuble A. Ce raisonnement nous paraît parfaitement fondé en droit : il existe bien ici une relation juridique d'auteur à ayant-cause : ma dernière possession a une source légale dans l'exercice du réméré et je dois être admis à user du bénéfice de l'art. 2235. On pourrait même peut-être aller plus loin encore et soutenir qu'ici il n'y a pas, à proprement parler, besoin d'invoquer la jonction des possessions, parce qu'il y a bien plutôt continuation d'une seule et même possession, la réalisation de la condition résolutoire ayant effacé rétroactivement, aux termes de l'art. 1179, l'achat et la personnalité de l'acquéreur. Cette manière d'envisager la question aboutirait à dire que c'est l'ex-aliénateur qui se trouve avoir toujours été le seul propriétaire et le seul possesseur, l'ex-acquéreur n'ayant été, par l'effet rétroactif de la résolution, que son mandataire et son agent. Il y aurait intérêt à admettre ce système, pour le cas où l'acquéreur, possesseur intermédiaire, aurait été de mauvaise foi et n'aurait pu, par conséquent, prescrire que par le délai de 30 ans (art. 2262), tandis que l'aliénateur, détenteur de bonne foi et en vertu d'un juste titre, pourrait se placer sous l'égide de l'art. 2265 et prescrire par dix ou vingt ans seulement.

38. — Celui qui se rend adjudicataire sur une expropriation poursuivie, conformément aux art. 2204 et suivants du Code civil, à la requête des créanciers non payés à l'échéance, sur les biens de leur débiteur, peut-il ajouter la possession du débiteur saisi à la sienne propre (art. 2235)? Nous prenons l'exemple suivant : J'ai contracté vis à vis de vous une dette de cent mille francs. Je ne vous paie pas lors de l'échéance ; vous faites vendre mes biens avec formalités de justice, en vertu des art. 2204 et suivants, pour vous payer sur le prix de l'aliénation : Pierre se porte adjudicataire de mon immeuble A, immeuble que je possède depuis 24 ans, et cet immeuble lui est adjugé comme dernier enchérisseur. Six ans s'écoulent, et alors un tiers se présente et revendique l'immeuble A contre Pierre. Eh bien, question : Pierre, l'adjudicataire sur expropriation forcée, peut-il légitimement

opposer la prescription au revendiquant, en ajoutant à sa propre possession de six ans (art. 2235) la possession de 24 ans que j'ai eue, moi, débiteur saisi et exproprié? S'il s'agissait d'une vente à l'amiable, aucune difficulté ne devrait surgir, et Pierre pourrait, de l'aveu de tous les jurisconsultes, profiter de la jonction des possessions : car il serait un acheteur ordinaire, et le vendeur pourrait, d'après les termes du droit commun, être considéré comme un *auteur*, dans le sens de l'art. 2235. Mais que faut-il décider dans le cas d'expropriation forcée, qui nous occupe en ce moment? Nous n'hésitons pas à généraliser le principe de l'art. 2235 et nous pensons que la jonction des possessions pourra effectivement avoir lieu, même ici : qu'importe, en effet, qu'il s'agisse d'une vente forcée ou d'une vente amiable? Le saisi, aliénateur forcé sans doute, n'en est pas moins, dans la réalité des choses, un vendeur. L'adjudicataire est bien un véritable acheteur. La relation d'auteur à ayant-cause, exigée par le Code civil, se révèle donc de la manière la plus manifeste. Et d'ailleurs, le débiteur saisi ne subit pas, par suite de l'exercice du droit de vente appartenant aux créanciers, une pression aussi grande que voudraient le faire entendre les partisans de la doctrine contraire à la nôtre : celui qui est aujourd'hui saisi, s'est obligé librement et spontanément à l'origine; or , aux termes de l'art. 2092, quiconque s'oblige personnellement, engage par là même tous ses biens mobiliers et immobiliers, corporels et incorporels, présents et à venir. Le saisi, en s'obligeant vis à vis des créanciers, a dû savoir à quoi il s'engageait, et il est censé leur avoir donné, dès le principe, mandat tacite de vendre ses biens, lors de l'échéance des titres, s'ils n'étaient pas payés ; les créanciers qui poursuivent l'expropriation ne font que solliciter l'exécution du contrat qui leur a été remis; c'est pour le compte du saisi que tout est fait et les créanciers saisissants sont ses mandataires légaux : c'est de lui que l'adjudicataire tient ses droits; il est vendeur et tenu directement et personnellement de l'obligation de garantie (1). L'adjudicataire est donc bien le *successeur* du saisi, dans le sens de l'art. 2235.

(1) En règle générale (art. 1626 et suivants), l'action de garantie peut être dirigée contre le vendeur et contre ses ayant-cause universels et à titre

39. — Nous sommes, ainsi qu'on peut le voir, toujours en parfaite conformité avec notre point de départ, qui consiste à admettre la jonction des possessions, toutes les fois notamment qu'une personne acquiert un droit réel sur une chose immobilière, soit en vertu de la loi, soit en vertu d'une manifestation de la volonté de l'homme. Dès lors, si un tiers

universel. Elle peut être également dirigée contre la caution du vendeur. — Il n'y a sur ce point aucune distinction à faire entre les ventes ordinaires par contrat privé et celles qui, à raison de circonstances spéciales, par exemple la *minorité* de l'une des parties venderesses, ne peuvent avoir lieu qu'en justice et aux enchères publiques : dans les deux cas, nous rencontrons le caractère de ventes *volontaires* ; ce caractère n'est, en aucune façon, altéré par la nécessité des formalités judiciaires, qui n'ont d'autre but que de protéger d'une manière plus énergique les propriétaires des biens vendus (Riom, 22 février 1851. Dalloz, 1853, 1, 209). — Nous rencontrons, au contraire, quelques difficultés à propos des *ventes sur expropriation forcée*. Ces sortes de vente donnent-elles lieu à la garantie? — Contre qui et dans quelles limites l'adjudicataire évincé peut-il exercer son recours? Sur ces différents points, trois systèmes principaux sont en présence. Le *premier* accorde à l'adjudicataire évincé un double recours en garantie, une double action, l'une contre le créancier poursuivant et l'autre contre le débiteur saisi (Dalloz, v° *Vente*, n° 832), — contre le créancier poursuivant, en sa qualité de délégataire exerçant le droit de vente qui lui a été concédé, et contre le débiteur saisi, en sa qualité de déléguant. Le *second système*, suivi par Pothier, et appuyé sur plusieurs lois romaines, refuse à l'adjudicataire tout recours en garantie. Le recours en garantie, dit-on, ne peut être dirigé que contre une personne ayant la qualité de vendeur : or, cette qualité ne se rencontre pas chez le créancier saisissant ; car il ne fait que provoquer l'action de la justice et la conversion en argent des biens de son débiteur ; elle ne se rencontre pas non plus chez le débiteur saisi qui subit la vente, mais ne la fait pas. Le véritable vendeur, c'est la justice, et contre elle aucun recours en garantie n'est possible. Nous proposerions de préférence un *troisième système* que nous formulerons ainsi : L'adjudicataire évincé aura, dans les ventes sur expropriation forcée, un recours en garantie, mais contre le débiteur saisi seulement. — Contre le créancier saisissant, l'adjudicataire évincé n'aura que le recours accordé par l'art. 1382, recours par conséquent limité au cas de fautes personnelles commises par le créancier saisissant, dans la poursuite en expropriation. — Enfin, vis à vis des créanciers colloqués à l'ordre, l'adjudicataire évincé, qui se trouvera en présence d'un saisi insolvable, aura l'action en répétition du prix versé entre leurs mains, et cela par application de l'art. 1377, par conséquent avec le correctif du second alinéa de ce texte. — Nous reprenons ces trois propositions. —

s'empare d'un immeuble, en supposant ce bien abandonné par le précédent détenteur, quels que soient d'ailleurs les actes d'établissement qui puissent être réalisés, nous ne saurions permettre à ce tiers d'invoquer la possession de son prédécesseur, comme complément de la sienne propre. Ici en effet, la succession des personnes est purement fortuite;

Première proposition : l'adjudicataire évincé a l'action en garantie contre le débiteur saisi. — Nous appuyons cette affirmation sur deux arguments principaux, l'un de texte et l'autre de principe. — 1º Argument de *texte* : l'adjudicataire est un véritable acheteur. Cela résulte de l'art. 1596 : or, les règles de la vente volontaire sont applicables à la vente en justice, toutes les fois que la loi n'a pas dit le contraire; car, toutes les fois qu'elle a voulu introduire une modification, elle l'a dit expressément. Voyez les articles 1649 et suiv. pour la garantie des vices rédhibitoires et l'art. 1683 relatif à la rescision pour cause de lésion : or, pour la garantie en cas d'éviction, nous ne trouvons rien de semblable; donc ce recours appartient à l'adjudicataire sur expropriation forcée comme à l'acheteur sur vente volontaire. — 2º Argument de *principes* : le garant ne peut être que le débiteur saisi : en effet, celui-ci, en contractant des obligations, a nécessairement conféré à ses créanciers le droit de vendre, le droit d'exproprier, si, au terme fixé, l'obligation n'était pas acquittée : le créancier saisissant n'est donc pas autre chose que le mandataire légal du débiteur saisi : derrière lui se trouve le mandant, le véritable vendeur, c'est-à-dire le saisi lui-même : — ce n'est pas la justice qui peut être considérée comme jouant le rôle de vendeur, ainsi qu'on l'a prétendu à tort : car le tribunal n'est pas autre chose dans les ventes sur expropriation forcée que l'organe du débiteur, obligé de vendre en vertu de l'engagement conditionnel et implicite qu'il en a pris : « *In judiciis quasi contrahimus.* » Or, tout mandant doit donner à son mandataire les renseignements nécessaires pour l'accomplissement du mandat, et s'il omet de donner ces renseignements, il est responsable des suites de sa négligence et des fausses indications que pourra donner le mandataire. Dans notre espèce, le débiteur saisi s'est approprié les conditions de la vente en ne les contredisant pas (arg. art. 694, Cod. proc.) : l'adjudicataire, lui, n'a contracté que sur la foi des promesses et des déclarations que le débiteur saisi a laissé faire en son nom : ce débiteur saisi doit donc subir le recours en garantie de l'adjudicataire évincé, exactement comme s'il eût assisté personnellement au contrat de vente et à l'adjudication.

Deuxième proposition. — Toutefois, *le créancier saisissant doit*, aux termes du droit commun, *répondre des fautes personnelles* qu'il a pu commettre *dans sa poursuite en expropriation* ; et si, par suite de cette faute, l'adjudicataire est évincé, il aura contre le créancier saisissant un recours en répétition du prix, recours fondé sur l'art. 1382. Les fautes que peut commettre le nous ne voyons apparaître, entre les divers détenteurs, aucuu lien juridique, ni en vertu de la loi, ni en vertu des conventions privées.

40. — Mais il en serait autrement dans le cas où un donateur exercerait l'action en révocation d'une libéralité, par application des art. 953 et suivants, soit pour inexécution des

créancier saisissant sont de différentes espèces : 1° Il peut avoir laissé passer des irrégularités de procédure de nature à faire annuler l'adjudication ; 2° il a pu saisir de mauvaise foi un immeuble dont son débiteur n'était que le propriétaire apparent, et dont, lui créancier, il connaissait le légitime propriétaire. Dans tous ces cas, l'adjudicataire évincé pourra réclamer du créancier saisissant la restitution du prix que celui-ci a reçu, et même des dommages-intérêts, avec les frais de l'adjudication. L'adjudicataire obtiendra ces prestations, en invoquant le principe de droit commun déposé dans l'art. 1382. Mais il ne pourrait pas invoquer l'obligation de garantie consacrée par les art. 1626 et suivants. En effet, le créancier saisissant ne peut pas être assimilé à un vendeur ordinaire : il ne fait que solliciter de la justice l'exécution de l'obligation qui lui a été souscrite et c'est la justice qui vend au nom du débiteur saisi ; et dès lors lui seul doit être exposé au recours en garantie. Il nous reste à examiner la situation faite à l'adjudicataire sur expropriation forcée, vis à vis des créanciers dûment colloqués, entre les mains desquels il a payé son prix. Il peut, en effet, arriver que cet adjudicataire soit ensuite évincé et qu'il se trouve en présence d'un saisi insolvable (hypothèse trop fréquente!) à l'égard duquel tout recours en garantie serait parfaitement illusoire : va-t-il être obligé de perdre à la fois et la chose et le prix? ou bien aura-t-il un recours contre les créanciers colloqués et payés et quel genre de recours ? Nous arrivons ainsi à notre *troisième proposition*, que voici : *Vis à vis des créanciers colloqués à l'ordre, l'adjudicataire évincé*, qui se trouvera en face d'un saisi insolvable, *aura l'action en répétition du prix versé entre leurs mains*, et cela par application de l'art. 1377. Il en était autrement en droit romain : tout recours, dans ce cas, était interdit à l'acheteur, et cela par ce motif que les créanciers n'avaient fait que recevoir ce qui leur était dû, *suum receperunt*. On n'avait donc rien à leur réclamer. Les lois romaines assimilaient cette hypothèse à celle où l'acheteur aurait remis les fonds au débiteur lui-même et où les créanciers auraient reçu ensuite le paiement des mains de leur débiteur (sic. L. 1 et 2 Cod. *creditorem evictionem pignoris non debere et l. 44 ff. De condictione indebiti*). Mais cette doctrine a été repoussée par la cour de Colmar, dans un arrêt du 22 mars 1836 (Sirey, 1836, II, 551) et cela avec grande raison, à notre avis du moins. En effet, l'adjudicataire n'a payé les créanciers que comme obligé à titre d'achat ; il n'était débiteur d'un prix d'acquisition, qu'autant qu'il réalisait vraiment une acquisition ; car ce n'est point un sentiment de conditions de la transmission, soit pour cause d'ingratitude du donataire, soit enfin pour cause de survenance d'enfant. Ce donateur pourrait certainement ajouter la possession de son donataire à la sienne propre, par application de l'article 2235; son titre d'acquisition et le lien juridique entre les personnes se rencontrent ici dans la faveur de la loi qui reconnaît l'exercice de l'action révocatoire. D'ailleurs, par suite de la fiction de rétroactivité contenue dans l'art. 1179, le donateur qui recouvre ainsi la possession de sa chose est censé n'avoir jamais cessé de la posséder.

41. — L'art. 2235, pris dans ses termes précis, décide que, pour compléter la prescription, « on peut *joindre à sa possession celle de son auteur.* » On a demandé si (en renversant l'hypothèse du texte) on pourrait, pour compléter la possession nécessaire à l'effet de prescrire, *joindre à sa possession celle qui l'a suivie.*

La question a été soumise à la Cour de cassation, à la date du 19 juin 1854 (D. P. 1854, 1, 242), dans une espèce où un bien exproprié par l'Etat était, dans le but d'arriver à l'attribution exclusive de l'indemnité d'expropriation, réclamé par

générosité qui l'avait porté à acquitter la dette du saisi; or l'éviction a précisément eu pour résultat d'effacer cette qualité d'acheteur; dès lors, le titre étant anéanti, il ne reste plus qu'un paiement fait par erreur; il faut donc appliquer l'art. 1377 du Code civil, sous peine de fausser la cause qui a présidé au paiement. Quant à l'argument fondé sur ce que les créanciers auraient réellement reçu ce qui leur était dû, ce que nous venons de dire suffit pour en démontrer le peu de fondement en droit : d'ailleurs en admettant qu'il fût fondé en fait, il aurait bien pour résultat d'écarter l'art. 1376; mais l'art. 1377 n'en resterait pas moins toujours applicable et cela nous suffit. Ainsi, dans les ventes sur expropriation forcée, nous tenons pour certain : 1° que l'action en garantie appartient à l'adjudicataire évincé, parce que c'est un véritable acheteur; 2° que cette action ne peut toutefois être dirigée que contre le débiteur saisi, seul vendeur; 3° que vis à vis du créancier saisissant, l'adjudicataire n'a d'autre recours que celui qu'appartient, en vertu de l'art. 1382, à toute personne éprouvant un dommage par le fait d'une autre; 4° que vis à vis des autres créanciers colloqués à l'ordre et payés, l'adjudicataire, s'il vient ensuite à être évincé, peut exercer la *condictio indebiti* en s'appuyant sur l'art. 1377, mais sans pouvoir invoquer aucun recours en garantie, n'ayant droit, en un mot, qu'à la restitution du prix indûment payé, avec le correctif de l'art. 1377, al. 2.

un tiers. Celui-ci, prétendant avoir acquis ce bien exproprié
par l'État, demandait, pour compléter la prescription, à joindre à sa propre possession celle que l'État avait eue après
l'expropriation La Cour suprême a rejeté ce soutien et elle
a décidé, avec raison suivant nous, que l'on ne peut pas,
afin de compléter la possession nécessaire pour prescrire,
joindre à sa possession *celle qui l'a suivie :*

1° Le texte de l'art. 2235 n'accorde le bénéfice de l'accession qu'au successeur, eu égard à la possession qui a *précédé* la sienne; il n'y a aucune trace de possibilité d'accession, eu égard à la possession qui *a suivi.*

2° Au point de vue rationnel, il est facile de comprendre
qu'une personne puisse joindre à sa possession celle de son
auteur; car, par la transmission, cette personne a acquis
tous les droits qui appartenaient à celui au lieu et place
duquel elle se trouve. Mais nous ne saurions comprendre
comment l'auteur de la transmission, qui s'est dépouillé de
tous ses droits, pourrait être admis, afin d'établir sa possession, à s'appuyer sur des faits qui lui sont complètement
étrangers et à invoquer des droits qui n'ont pas été réalisés
par lui, mais, au contraire, après lui. Dans quelle hypothèse
que l'on veuille se placer, *l'auteur* est celui à la suite duquel
on est venu. Le droit descend, il ne remonte pas (1).

42. — Nous entendons restreindre nos développements à
ce qui touche l'accession des possessions par voie de succession d'individualités juridiques et de personne à personne.
Mais il faut savoir qu'il y a aussi une sorte d'accession de
possession, qui s'opère *de chose à chose.* L'accession, qui s'o-
père *de re ad rem,* a lieu, dit M. Bourbeau (*Théorie de la procédure civile,* t. 7, consacré à la *justice de paix,* n° 300, pages
523 et suivantes), lorsque « certains accessoires sont tellement unis à la chose possédée, qu'ils reçoivent l'impression
de la possession qui s'était exercée sur la chose principale,

---

(1) Il y a cependant des cas où une possession postérieure peut profiter
au premier possesseur. Cela arrive lorsque celui-ci rentre dans sa chose, par
l'exercice d'un réméré ou par la résolution du contrat primitif : v. *suprà,*
n°s 37 et 40. Mais c'est que dans ces hypothèses, par suite d'une fiction ré-
troactive (art. 1179), la possession est réputée n'avoir jamais cessé d'appar-
tenir au possesseur originaire.

avant qu'ils n'y fussent incorporés. Ainsi, les constructions, édifiées par le détenteur du sol, sont cénsées possédées depuis que la possession du sol a commencé; on doit même considérer la construction comme appartenant à la série des actes successifs dont l'ensemble doit constituer avec le temps la prescription. La construction fait à la fois partie de la chose possédée et des actes mêmes de possession. — Ainsi encore, les accroissements qui se forment successivement et imperceptiblement aux fonds riverains d'un fleuve ou d'une rivière, et auxquels on donne le nom d'alluvions, sont censés avoir été possédés depuis l'époque où a commencé la possession du fonds riverain » (Code civil, art. 556).

43. — L'usufruitier conventionnel, ou même purement légal (art. 579), peut-il invoquer la possession du propriétaire auquel il succède quant au droit de jouissance, pour se faire maintenir (1) dans son usufruit? — L'affirmative nous paraît certaine. Nous rencontrons en effet ici les relations d'auteur à ayant-cause, dans le sens de l'art. 2235; car l'usufruit est un démembrement de la propriété : la possession de l'ancien maître doit donc protéger le démembrement, comme elle protégerait le tout, si le droit de pleine propriété avait été transmis; la partie est contenue dans le tout; *possessio ad imaginem domini redacta est.*

44. — Mais, que faut-il décider à l'inverse lorsque c'est l'usufruit qui vient se réunir à la propriété, par la mort de l'usufruitier, conformément à l'art. 617? Le nu-propriétaire peut-il alors invoquer la possession de l'usufruitier, comme confirmation de la sienne propre, ou bien doit-il parcourir lui-même tous les délais de la prescription? La Cour de cassation, par un arrêt du 6 mars 1822 (Sirey, 1822, 1, 298), a jugé que l'accession des possessions ne pouvait pas avoir lieu dans ce cas. D'une part, a-t-on dit, l'usufruitier ne possède pas pour le compte et au nom du propriétaire; mais il possède pour lui-même et en son nom personnel. Il ne

(1) Nous supposons, bien entendu, admise la proposition qui consiste à soutenir que l'usufruit, sous l'empire du Code civil et en présence de l'art. 579, peut être acquis par prescription. Comparez au surplus M. Demolombe, *Traité de l'usufruit, de l'usage et de l'habitation*, tome 2, n° 241 (tome X des œuvres complètes).

jouit pas par tolérance de la part du propriétaire, mais en vertu des dispositions expresses de la loi qui considère l'usufruit comme une partie de la propriété. D'autre part, le nu-propriétaire ne peut pas être considéré comme l'ayant-cause de l'usufruitier, il ne lui succède pas ; car l'usufruit est absolument éteint, aux termes de l'art. 617, par la mort de l'usufruitier : or, on ne peut pas succéder à un droit éteint ; donc, etc.

Il faut au contraire, à notre avis du moins, tenir pour certain que l'accession des possessions est ici possible, entre l'usufruitier et le nu-propriétaire, auquel la consolidation profite.

Sans doute, le lien *contractuel* n'apparaît pas ici : car l'usufruit est essentiellement viager et nulle convention de l'homme ne pourrait prolonger un seul et même usufruit au-delà de l'existence (1) du titulaire direct. Mais nous rencontrons au moins un lien *légal;* car c'est la loi, qui, dans sa toute-puissance, stipule le retour de plein droit de la jouissance à la nue-propriété : or, le lien *ex lege* suffit parfaitement pour que l'art. 2235 devienne applicable. L'usufruitier recueillait les fruits, il louait les maisons ou les habitait lui-même, il cultivait les terres ou en percevait les fermages. A sa mort, l'art. 617 transporte immédiatement toutes ces prérogatives sur la tête du nu-propriétaire; ce texte établit donc ainsi, entre l'usufruitier et le nu-propriétaire, le rapport juridique exigé par l'art. 2235.

Ajoutez que, parfois, le lien contractuel, lui aussi, pourra parfaitement exister : par exemple, si l'usufruitier renonce, à prix d'argent, à son droit, au profit du nu-propriétaire, il y a bien vente d'un côté et achat de l'autre ; d'ailleurs, ne l'oublions pas, dès lors que le lien personnel a pu se former, il importe peu qu'il ait pris sa source dans la loi ou dans un contrat ; la jonction des possessions devient toujours possible.

Nous irions même volontiers plus loin encore; lorsque le nu-propriétaire reprend ainsi, après la cessation de l'usu-

(1) Comparez M. Demolombe, *Traité de l'usufruit, de l'usage et de l'habitation*, tome 2, n°s 244 à 250 et surtout n° 246 (tome 10 des œuvres complètes).

fruit, la chose qui s'y trouvait antérieurement soumise, pour
en jouir désormais d'une manière privative et exclusive, il
nous paraît y avoir plus qu'une simple accession des possessions : dans ce cas, c'est *en son propre nom* et comme s'il
avait toujours lui-même possédé, que le nu-propriétaire
peut être autorisé à se prévaloir de la possession exercée par
l'usufruitier. En effet, aux termes de l'art. 2236, « ceux qui
possèdent pour autrui ne prescrivent jamais, par quelque
laps de temps que ce soit. Ainsi le fermier, le dépositaire,
l'usufruitier, et tous autres qui détiennent précairement la
chose du propriétaire, ne peuvent la prescrire. » L'usufruitier est donc mis au nombre des détenteurs précaires, qui
détiennent pour le compte d'autrui. Sans doute, quant au
droit réel d'usufruit, considéré en lui-même, l'usufruitier le
possède pour son propre compte; mais, quant à la chose
corporelle, sur laquelle porte ce droit, l'usufruitier ne peut
pas prétendre en avoir la possession civile; il n'est qu'un
détenteur précaire et à titre purement temporaire. Or s'il
est, à ce point de vue, détenteur précaire, il a possédé le
bien pour le compte du nu-propriétaire; l'article 2236 est
formel en ce sens. Donc, le nu-propriétaire n'a pas, à la
rigueur, besoin de recourir à l'art. 2235, en invoquant la
jonction des possessions; il peut aller plus loin et soutenir,
à bon droit, qu'il a toujours possédé lui-même, par l'intermédiaire de l'usufruitier, pendant toute la durée de l'usufruit et nonobstant l'existence de cette charge. Comparez
M. Demolombe, tome 10 des œuvres complètes, n° 635 et
suivants.

45. — En combinant les principes posés par l'art. 2235
avec la règle de l'art. 883, d'après laquelle le partage est
déclaratif, nous arrivons à décider, avec la Cour de cassation
(arrêt du 11 février 1857, D. P. 1857, 1, 280), que la possession indivise, antérieure au partage, peut être réunie à la
possession exclusive qui a suivi ce partage, pour la prescription, par l'un des copartageants, de l'immeuble à lui attribué, même à l'encontre des autres communistes. Comparez
sur ce point, notre *programme sommaire du cours de Code
civil*, 2ᵉ examen, tome 1ᵉʳ, n° 1032.

46. — La transaction pourrait-elle constituer un lien juridique suffisant pour permettre la jonction des possessions

(art. 2044 et 2235); par exemple, le propriétaire qui, en vertu d'une transaction passée avec l'usurpateur, obtient la restitution de son immeuble, peut-il cumuler sa possession propre avec celle de ce dernier? Vous êtes détenteur de l'immeuble B ; je me prétends vrai propriétaire de cet immeuble et je veux établir que vous le détènez à tort : au lieu de plaider devant les tribunaux, nous faisons un arrangement en vertu duquel l'immeuble devra m'être immédiatement rendu, sous la condition que je vous paierai une certaine indemnité, ou encore moyennant ma renonciation à réclamer aucun des fruits par vous perçus durant votre possession indue. Voilà bien la transaction, ce contrat par lequel des parties tranchent une question qui leur paraît litigieuse, au moyen de sacrifices réciproques. Rentré en possession de l'immeuble B, je suis, au bout de trois ans, soumis à l'action en revendication d'un tiers. Vous avez, je le suppose, possédé durant vingt-sept ans ; moi, j'ai possédé durant trois ans. Si l'art. 2235 est ici applicable, la prescription est accomplie à mon profit et mes intérêts sont complétement sauvegardés. Eh bien ! nous croyons qu'il en est tout à fait ainsi. La transaction constitue un lien *contractuel* suffisant pour engendrer les relations d'auteur à ayant-cause exigées par l'art. 2235.

47. — On a encore demandé si la possession de l'héritier *putatif* pourrait compter au profit de l'héritier *réel* qui viendrait ensuite l'évincer par une action en pétition d'hérédité. L'héritier putatif, on le sait, est celui qui, à défaut de présentation, en fait, d'un héritier plus proche, se donne de bonne foi et passe pour le successible véritable du défunt : Ex. : Pierre étant mort, vous, héritier du second degré, vous vous présentez et vous recueillez sa succession ; au bout de cinq ans de possession réalisée par vous, je vous attaque en restitution et je démontre victorieusement que c'était à moi, comme héritier du premier degré, qu'il appartenait d'appréhender l'hérédité ; vous êtes donc évincé. Et puis ensuite, un tiers m'attaque et demande à établir que le *de cujus* n'était pas le vrai propriétaire, mais un simple possesseur, en voie de prescrire, quant à l'immeuble A. Or voici la situation ; le *de cujus* a possédé l'immeuble A durant vingt-quatre ans ; vous l'avez eu entre les mains durant cinq ans ; moi, je l'ai repris depuis

un an. Si la jonction des possessions est possible ici, et si, par conséquent, je puis ajouter à mon année de possession, d'une part, les vingt-quatre ans acquis à mon auteur, d'autre part, les cinq années de votre détention à titre *putatif*, je suis assuré de triompher et l'action en revendication du tiers ne réussira pas. Eh bien ! que faut-il décider ?

Un vieil auteur, d'Argentré, dont l'avis est rapporté par M. Troplong (*Traité de la prescription*, t. 1er, n° 467), résolvait cette question d'une manière assez singulière. D'après lui, la jonction des possessions ne pourrait avoir lieu au profit de l'héritier réel, qu'autant qu'il aurait obtenu *un jugement* pour évincer l'héritier apparent ou putatif; car alors, disait d'Argentré, le jugement forme le lien juridique nécessaire entre les deux possesseurs successifs. Mais, dans tous les autres cas, l'héritier putatif paraît à cet auteur être *un tiers* dont l'interposition interrompt *naturellement* (art. 2243) et anéantit par conséquent la possession commencée par le *de cujus*, quant à son utilité pratique au point de vue de la prescription.

Cette distinction nous paraît absolument inadmissible; il faut, à notre avis, décider aujourd'hui, en présence de la généralité des termes de l'art. 2235, que, dans tous les cas, l'héritier réel peut profiter de la possession de l'héritier putatif qu'il évince, soit qu'un jugement intervienne, soit même que l'héritier apparent se soit retiré volontairement et spontanément, ou à la suite d'une transaction.

En effet, pour que la possession eût pu être *naturellement* interrompue (art. 2243) à l'encontre de l'héritier réel, il aurait fallu qu'un droit adverse et incompatible avec le sien se fût posé et affirmé en face de lui. Or, loin de vouloir anéantir et briser la possession du défunt, l'intention de l'héritier putatif a été au contraire de la *continuer* et de la conduire à bonne fin; un *continuateur* est précisément le contraire d'un interrupteur.

Mais, dit-on, l'héritier *putatif* était, en réalité, sans droit : il s'est immiscé dans une chose qui n'était pas la sienne. — Sans doute, il est usurpateur, mais usurpateur pour représenter le défunt et *non* pour effacer sa personnalité. C'est comme *héritier*, et non pas comme usant d'un droit propre, qu'il a appréhendé la succession; ce cas ne ressemble en rien à celui où un tiers étranger *s'empare* d'un immeuble, avec l'intention formelle d'intervertir à son profit le cours de la possession. Nous concluons donc en décidant que dans tous les cas l'héritier (1) réel doit être admis, par application de l'art. 2235, à profiter de la possession de l'héritier putatif qu'il a fait évincer : l'héritier putatif doit restituer la possession comme une suite du droit de propriété.

48. — Une dernière question fort discutée est celle de savoir si la jonction des possessions peut avoir lieu, en vertu de l'art. 2235, au profit de celui qui, après avoir été matériellement dépossédé pendant plus d'une année, rentre ensuite en possession, soit en vertu d'un jugement obtenu au pétitoire, soit par le délaissement volontaire ou le désistement de son adversaire.

Nous prendrons l'exemple suivant. J'ai la possession matérielle et *animo domini* de l'immeuble A· depuis vingt-cinq ans. Vous profitez de ma négligence ou de mon absence pour vous y établir et en jouir ; cet état de choses se prolonge pendant plus d'un an ; or, on le sait, l'art. 2243 décide qu'il y a *interruption naturelle*, lorsque le possesseur est privé pendant plus d'une année de la jouissance de la chose, soit par l'ancien propriétaire, soit même par un tiers. Je reviens ensuite et je revendique l'immeuble A contre vous ; les juges me donnent gain de cause, ou encore vous acquiescez, ou bien enfin vous délaissez volontairement, même sans attendre la décision judiciaire ; je possède donc de nouveau l'immeuble

______

(1) Il est certain que les successeurs universels ou particuliers sont, en cette seule qualité, et indépendamment de toute prise de possession personnelle, admis à exercer les *actions possessoires* qui appartenaient à leur auteur. Seulement, comme le font remarquer, avec raison, MM. Aubry et Rau (*Cours de droit civil français*, t. 2, pag. 88, § 181, note 3), les successeurs irréguliers, et les légataires qui ne jouissent pas de la saisine, ne sont admis (art. 724) à former les *actions possessoires*, comme les pétitoires, qu'après avoir obtenu l'envoi en possession ou la délivrance, et jusque-là, ils devraient être déclarés non recevables dans leur demande, pour défaut de qualité. Mais ce n'est point là une exception au principe de la transmission des avantages de la possession ; cela tient uniquement à la circonstance que, tant que le titre de ces personnes n'a pas été vérifié par la justice ou par les héritiers intéressés à le contester, elles ne sont pas légalement investies, à l'égard des tiers, de la qualité dont elles se prévalent.

A et j'exerce tous les actes ordinaires de maîtrise durant vingt-neuf ans; c'est alors seulement qu'un tiers m'actionne en revendication, prétendant avoir lui-même soit le droit de pleine propriété, soit au moins un droit réel sur mon immeuble. Je prétends, pour écarter l'action de ce tiers, invoquer l'art. 2235 et je fais le raisonnement suivant : ma première possession a duré vingt-cinq ans; ma seconde possession s'est prolongée durant vingt-neuf ans; celle du détenteur intérimaire contre lequel j'ai triomphé s'est maintenue, en fait, pendant une année; dès lors, même en ne comptant pas ma possession originaire de vingt-cinq ans, j'ai trente ans révolus de possession, à savoir vingt-neuf ans par moi-même et une année par l'intermédiaire d'autrui; donc, j'ai pu prescrire, grâce à la jonction des possessions et par application de l'art. 2235.

En tout cas, je suis possesseur plus qu'annal et j'invoque ma possession pour rejeter sur vous le fardeau de la preuve, (art. 23 et suivants, Cod. proc. civile).

Il ne s'est pas formé moins de trois systèmes sur la solution qu'il convient de donner à ces différentes questions.

49. — Un premier système présenté par M. Troplong dans son *Traité de la prescription*, t. 1er, nos 453 et 454 (voyez aussi les nos 448 à 452), consiste à soutenir que l'accession des possessions ne peut s'opérer, entre le demandeur et le défendeur en justice, que dans le cas seulement où le défendeur, vu sa mauvaise foi, aura été condamné à restituer tous les fruits; alors, en effet, dit l'éminent magistrat, la chose jugée opère une sorte de restitution en entier; elle renoue la chaîne des temps; le demandeur n'a véritablement pas cessé de jouir de la chose, puisqu'il ne perd aucuns fruits; on les lui rend tous.

Mais dans le cas où le possesseur garde les fruits et les fait siens à raison de sa bonne foi, M. Troplong n'admet plus l'application du principe de la jonction des possessions; dans ce cas, dit-il, il y a lieu de faire prédominer la solution de l'art. 2243; car il s'est produit une lacune dans la possession et une interruption complète qui anéantit tout le passé. Il est évident que le jugement rendu sur la question de propriété au profit du propriétaire consacre, du moins quant à l'acquisition des fruits consommés, la légitimité de la possession intermédiaire qui est venue scinder en deux la possession du propriétaire.

Ce premier système doit être immédiatement écarté; car il ajoute au texte et il fait violence aux termes précis de la loi. Qu'importe que les fruits soient ou ne soient pas restitués au demandeur en revendication? L'art. 2235 ne se préoccupe aucunement de la bonne ou de la mauvaise foi des possesseurs intermédiaires. Cette question est de nulle importance quant aux tiers à l'égard desquels on invoque l'accession des possessions (Comparez M. Bélime, *Traité du droit de possession et des actions possessoires*, n° 203, page 205). Toute distinction de ce genre est donc inadmissible; il faut une solution nette et absolue, affirmative ou négative pour tous les cas.

50. — C'est, du reste, ce qu'a parfaitement compris la Cour de cassation : par un arrêt du 12 janvier 1832 (Sirey, 1832, 1, 84 à 91), elle a consacré un second système radical consistant à soutenir que toute jonction des possessions est impossible, dans tous les cas, entre le défendeur en justice et le demandeur qui l'évince au pétitoire, en présence d'une possession plus qu'annale.

La Cour suprême se fonde sur l'art. 2243 qui, suivant elle, est formel; cet article affirme l'existence de l'interruption naturelle toutes les fois que le possesseur est privé pendant plus d'un an de la jouissance de la chose ; or, dit la Cour de cassation, vous supposez précisément que le possesseur a été privé, d'une manière effective et pendant plus d'une année, de la jouissance de son bien ; donc, après un an, il ne peut plus y avoir lieu à l'accession des possessions, puisque tout est anéanti et puisque l'effet de l'interruption a été nécessairement de rendre inutile tout le temps qui avait précédé. En dernière analyse, toute accession des possessions suppose deux choses à joindre. Or ici, vous êtes tout au contraire en présence du néant. Donc, etc.

Il ne faut pas d'ailleurs oublier que le défendeur en justice a la main forcée pour restituer; il rend la chose malgré lui et à son corps défendant; il ne peut donc pas être considéré comme un auteur dans le sens de l'art. 2235.

51. — Quelle que soit l'autorité qui s'attache aux décisions de la Cour de cassation, nous éprouvons des doutes sérieux sur la légitimité de cette doctrine et nous nous rallierons de

préférence à un troisième système radical en sens inverse, et que nous formulerons de la manière suivante : la jonction des possessions peut parfaitement s'opérer, dans tous les cas, entre le demandeur et le défendeur en justice qui est évincé par un jugement ou qui acquiesce à la demande formée contre lui.

Nous pensons pouvoir établir que l'objection tirée de l'art. 2243 ne doit pas ici être produite. Il ne faut pas, en effet, confondre les trois questions distinctes qui se dégagent nettement de la difficulté générale soumise actuellement à notre examen ; c'est même , faute de les avoir suffisamment mises en relief , que M. Troplong et la Cour de cassation ont été amenés à formuler des solutions contradictoires et juridiquement inacceptables.

Il y a, dans l'espèce que nous avons choisie et qui se rapproche singulièrement de celle qui a été soumise à la Cour de cassation le 12 janvier 1832, trois situations à régler et trois questions différentes à résoudre : 1° la première possession, que j'ai eue pendant vingt-cinq ans à l'origine, peut-elle être utilement invoquée, au point de vue de la prescription ? — 2° Quel va être le sort de la possession de plus d'une année qui a trouvé son soutien dans la personne d'un usurpateur, de vous, dans l'espèce, que j'ai évincé en vertu d'un jugement ou qui vous êtes désisté ? Pourrai-je joindre votre année de possession à ma propre possession et compter cette année-là en ma faveur, au point de vue de la prescription que je prétends avoir réalisée ? — 3° La seconde possession que j'ai eue après ma réintégration par jugement (ma possession de vingt-neuf années) va-t-elle être utile et efficace à mon profit ? Voilà bien les diverses difficultés que nous avons à résoudre ; nous intervertirons seulement un peu l'ordre de leur examen, pour la plus grande clarté de la discussion.

Première question. — La première possession que j'ai eue à l'origine, pendant vingt-cinq ans, peut-elle être par moi invoquée à l'appui de la prescription que j'allègue ? Nous n'hésitons pas à répondre négativement, et nous acceptons parfaitement, sur ce point, la décision de la Cour de cassation : l'art. 2243 se prononce en effet très-nettement dans ce sens : il y a interruption naturelle, lorsque le possesseur est privé pendant plus d'un an de la jouissance de la chose, soit par l'ancien propriétaire, soit même par un tiers. Eh bien! j'ai précisément laissé s'accomplir, par mon silence d'une année, en présence de l'usurpation d'un tiers, de vous dans l'espèce, une interruption désormais irréparable : dès lors, quant à la première possession de vingt-cinq ans, tout est fini : on ne peut plus la produire utilement en justice; car elle a été réduite à néant par la toute-puissance de la loi et par la logique inflexible des faits accomplis.

Deuxième question. — A l'inverse, ma seconde et dernière possession, celle qui a succédé à ma réintégration par jugement (ma possession de vingt-neuf années), est-elle juridiquement utile et efficace? L'affirmative est incontestable, car il ne s'est produit, quant à cette dernière possession, aucun fait de nature à l'ébranler, encore moins à l'anéantir : il n'y a eu ni interruption, ni suspension, ni troubles d'aucune sorte ; et en effet, la Cour de cassation ne méconnaît pas cette vérité.

Quelle est donc, au juste, la difficulté qui peut donner naissance à un sérieux dissentiment avec la Cour suprême? Cette difficulté porte uniquement sur la question de savoir quel va être le sort de la possession de plus d'une année, qui a trouvé son soutien dans la personne de l'usurpateur, de vous, dans l'espèce, dont j'ai obtenu l'éviction par jugement ou en vertu d'un acquiescement volontaire. Pourrai-je joindre votre année de possession à la mienne, de manière à arriver ainsi à la révolution du délai de trente ans? Cette année-là, pourra-t-elle compter en ma faveur, au point de vue de la prescription, par application des art. 2235 et 2262 combinés? Voilà la vraie et la seule difficulté.

Cette *troisième question*, nous l'avons dit, est résolue négativement par la Cour de cassation, toujours et dans tous les cas, d'un côté par argument de l'art. 2243, et d'un autre côté par cette considération que le défendeur, ayant eu *la main forcée* par la justice, au point de vue de la restitution, ne peut pas être considéré comme un *auteur* véritable, dans le sens de l'art. 2235 (voyez *supra*, n° 50).

Nous croyons très-fermement, au contraire, qu'il faut admettre ici une solution affirmative et décider que la jonction des possessions est possible en vertu de l'art. 2235, parce qu'en effet celui qui, sur une demande en revendication, obtient un jugement ou un acquiescement favorable à ses prétentions, a toujours le droit de cumuler sa possession avec celle du défendeur ainsi évincé :

1° Le principe auquel il faut toujours revenir, c'est qu'il y a lieu à la jonction des possessions, toutes les fois qu'il existe une nécessité juridique de transférer la chose à une personne déterminée; en un mot, l'art. 2235 s'applique toutes les fois qu'entre l'auteur et le successeur se rencontre une cause soit conventionnelle, soit même purement légale de transmission. Or, dans l'espèce que nous avons choisie, mon droit a été reconnu et proclamé antérieurement existant, soit par la décision du juge, soit par le délaissement volontaire de mon adversaire : donc la déclaration de principes qui a été faite tend à me rétablir exactement dans tous mes droits et dans toutes mes prérogatives, et par conséquent doit me permettre de produire à mon profit la détention du possesseur intérimaire (art. 1351 et 2235 combinés).

2° Supposez d'ailleurs qu'au lieu d'un acquiescement, d'un désistement ou d'un jugement, il soit intervenu entre les plaideurs une transaction, en vertu de laquelle l'usurpateur de l'immeuble aurait consenti, moyennant certaines concessions, à remettre cet immeuble entre les mains de l'adversaire dont il reconnaissait ainsi le droit légitime : tout le monde admet qu'un *lien contractuel* aurait été formé et que la jonction des possessions aurait trouvé son application. Or, d'après l'art. 2052, les transactions ont la même autorité que la chose jugée en dernier ressort; car les jugements, eux aussi, contiennent une sorte de convention tacite, les plaideurs étant censés s'entendre à l'avance pour accepter la décision du juge, comme si elle était l'œuvre obligatoire de leur volonté privée, « *in judiciis quasi contrahimus* » : donc la solution doit être identique pour les deux cas de transaction et de jugement, et il n'est pas possible, sous peine de tomber dans une contradiction flagrante, d'admettre la distinction posée par la Cour suprême.

3° Non-seulement la doctrine que nous proposons est conforme aux textes et aux principes généraux du droit, mais elle a encore en sa faveur l'autorité d'une tradition constante, soit que l'on remonte aux règles de la législation romaine, soit que l'on se préoccupe de l'opinion prédominante sous l'empire de notre ancienne législation française.

En ce qui concerne le droit romain, le jurisconsulte Ulpien dit formellement, dans la loi 13, paragraphe 9, au Digeste (liv. 41, tit. 2) : « *Si jussu judicis res mihi restituta sit, accessionem esse mihi dandam placuit.* »

De même, dans notre ancien droit français, un vieil auteur, Dunod (*Traité des prescriptions*, pages 19 et 20), dit formellement : « L'on peut, pour rendre la prescription complète, joindre à sa possession celle de son auteur, médiat ou immédiat, soit qu'on lui ait succédé à titre universel ou particulier, — à titre lucratif ou onéreux ; » ce sont là presque les expressions mêmes du Code (art. 2235). — Puis, un peu plus loin, Dunod, développant sa pensée, ajoute : « Il faut excepter de cette règle quelques cas, dans lesquels l'on peut se servir pour prescrire de la possession de certaines personnes que l'on ne reconnaît cependant pas pour ses auteurs : — *ainsi l'on peut employer la possession de celui que l'on a fait condamner à la désistance.* » — L'opinion de Dunod a d'autant plus d'importance que l'art. 2235 paraît, ainsi que nous l'avons expliqué plus haut au n° 1, note première, avoir été copié presque mot à mot dans son ouvrage sur la prescription.

4° Il nous faut toutefois répondre à l'objection que la Cour de cassation tire du texte de l'art. 2243, suivant lequel il y a interruption naturelle de la prescription, *lorsque le possesseur est privé pendant plus d'un an de la jouissance de la chose, soit par l'ancien propriétaire, soit même par un tiers.* D'où il semble en effet résulter qu'il n'y a plus lieu, après un an, à l'accession des possessions, l'effet de l'interruption étant de rendre inutile tout le temps qui a précédé.

Nous répondrons que cet art. 2243 a été fait précisément pour le cas où *il n'y a pas eu de jugement.* Voici l'hypothèse, suivant nous, prévue par ce texte : Un tiers me dépossède et, comme usurpateur, il garde l'immeuble pendant plus d'un an, en faisant tous les actes habituels de maîtrise ; puis il se retire spontanément, il délaisse l'héritage et je reprends alors, en présence de cette abstention, l'immeuble abandonné. Ici, il n'y aura pas d'accession des possessions possible à invoquer : en effet, ma possession antérieure a été définitivement anéantie par l'interruption naturelle; quant à la détention de l'auteur de l'interruption, elle ne peut pas compter à mon profit : car, si j'ai repris l'immeuble, c'est grâce à une circonstance purement fortuite; il n'existe, entre les deux possesseurs successifs, aucune relation d'auteur à ayant-cause. Au contraire, dans l'espèce que nous avons supposée (*supra* n° 48), le lien juridique est établi soit par le jugement, soit par l'acquiescement ou le désistement transactionnels : assurément on peut dire que je n'ai pas joui de ma chose par l'intermédiaire du tiers usurpateur (vous, dans l'hypothèse indiquée), et que l'usurpation formant, d'après l'art. 2243, interruption naturelle, a complétement anéanti le bénéfice de ma possession primordiale. Mais reste toujours la possession ultérieure de vingt-neuf ans, celle qui a été constituée *postérieurement* au succès de mon action en revendication, et c'est précisément cette détention-là que je demande à joindre à la possession intermédiaire de vous, usurpateur : car, ainsi, j'aurai pu prescrire, puisque j'ai vingt-neuf ans de possession, et vous plus d'un an : or, si à vingt-neuf ans on ajoute une année, le total est de trente ans. Et ici nous ne voyons pas ce que peut valoir l'art. 2243 contre un pareil résultat. Depuis quand l'interruption s'attaque-t-elle à l'avenir? Le passé seul rentre dans son domaine.

5° Est-ce que, d'ailleurs, la raison ne dicte pas elle-même le résultat pratique exigé, suivant nous, déjà par les principes et par les textes? Quand les juges ordonnent que l'immeuble sera restitué au demandeur en revendication, ils entendent, sans doute, que celui-ci sera rétabli sans réserves dans la position même où il se trouvait lors de l'usurpation. Or, à ce moment, il avait la *saisine possessoire*, dans les termes des art. 23 et suivants du Code de procédure civile; il faut donc la lui rendre si l'on veut véritablement le restituer *in integrum*. Ses prérogatives légitimes ne pourraient pas être considérées comme reconstituées, s'il n'était pas mis à même de repousser, immédiatement et dès l'instant de la reddition du jugement, toutes les attaques dont sa possession deviendra ensuite l'objet.

Par tous ces motifs, nous avons le regret d'être en complet désaccord avec la Cour de cassation, et nous désirons vivement que la solution, par elle consacrée sur le point qui nous occupe, ne soit pas appelée à faire définitivement jurisprudence.

52. — Dans le cours de ce travail, nous avons toujours appliqué le principe de la jonction des possessions à la matière des transmissions *immobilières*; c'est qu'en effet, en ce qui concerne les *meubles*, l'utilité de l'accession autorisée par l'art. 2235 disparaît entièrement par suite de la règle admise dans l'art. 2279, alinéa 1er (comparez notre *Essai sur la possession des meubles*, nos 8, 23 et suivants). En vertu de la maxime qu'en fait de meubles la possession vaut titre, l'acquisition d'un meuble est *instantanément* réalisée au profit du possesseur de bonne foi, pourvu qu'il ne soit pas tenu personnellement de restituer et qu'il détienne la chose, *cum animo rem sibi habendi*, à titre privatif et exclusif. Nous supposons d'ailleurs que la possession du détenteur a été réelle et effective. Dès lors l'instantanéité de la possession est pleinement efficace au point de vue de la transmission définitive, et la revendication du véritable propriétaire est immédiatement arrêtée, sans qu'il y ait nécessité, pour le successeur du possesseur de meubles, d'invoquer aucune jonction quelconque; l'art. 2235 suppose l'existence d'un laps de temps plus ou moins long; or, précisément, l'art. 2279 exclut entièrement le temps comme élément d'acquisition en matière de meubles.

FIN

Paris. — Imprimé par Charles Noblet, rue Soufflot, 18.

AUTRES OUVRAGES DU MÊME AUTEUR

IMPRIMÉ PAR CHARLES NOBLET, RUE SOUFFLOT, 18.

www.ingramcontent.com/pod-product-compliance
Ingram Content Group UK Ltd.
Pitfield, Milton Keynes, MK11 3LW, UK
UKHW022049170726
13837UKWH00002B/866